TARSILA

OS ANOS SECRETOS

1929 - 1935

RENATA KORAICHO

TARSILA
OS ANOS SECRETOS

Labrador

© Renata Koraicho, 2024
Todos os direitos desta edição reservados à Editora Labrador.

Coordenação editorial Pamela J. Oliveira
Assistência editorial Leticia Oliveira, Vanessa Nagayoshi
Direção de arte e capa Amanda Chagas
Projeto gráfico Marina Fodra
Diagramação Nalu Rosa
Preparação de texto Renata Siqueira Campos
Revisão Iracy Borges
Pesquisa de imagens Ariadne Martins, Adriana Neves
Imagens de miolo p. 33: Carl Van Vechten; p. 42: Romulo Fialdini/Tempo Composto; p.115: Peter Stein/Picture alliance/Album/Fotoarena; p. 140: Acervo pessoal de Aracy Abreu Amaral; p. 154: Coleção Bia e Pedro Corrêa do Lago; pp. 76, 91, 110, 143 e 145: ©Tarsila do Amaral Licenciamento e Empreendimentos S/A

Dados Internacionais de Catalogação na Publicação (CIP)
Jéssica de Oliveira Molinari - CRB-8/9852

Koraicho, Renata
  Tarsila : os anos secretos / Renata Koraicho.
  São Paulo : Labrador, 2024.
  192 p.

  ISBN 978-65-5625-714-3

  1. Amaral, Tarsila do, 1886-1973 – Biografia 2. Pintoras – Brasil – Biografia I. Título

24-4418   CDD 759.981

Índice para catálogo sistemático:
1. Pintoras – Brasil – Biografia

Labrador

Diretor-geral Daniel Pinsky
Rua Dr. José Elias, 520, sala 1
Alto da Lapa | 05083-030 | São Paulo | SP
contato@editoralabrador.com.br | (11) 3641-7446
editoralabrador.com.br

A reprodução de qualquer parte desta obra é ilegal e configura uma apropriação indevida dos direitos intelectuais e patrimoniais da autora.
A editora não é responsável pelo conteúdo deste livro.
A autora conhece os fatos narrados, pelos quais é responsável, assim como se responsabiliza pelos juízos emitidos.
Todos os esforços foram feitos para reconhecer os direitos autorais das imagens. A editora agradece qualquer informação relativa à autoria, titularidade e/ou outros dados, se comprometendo a incluí-los em edições futuras.

Sumário

Prefácio —————————————————————— 8
Introdução ————————————————————— 12

Parte 1 ——————————————————————— 18
A família Amaral-Andrade ——————————————— 19
A peregrinação de Dulce ——————————————— 19
O retorno abrupto —————————————————— 22
Primitivismo e surrealismo —————————————— 23
Coincidência ou cópia? ———————————————— 27
Antropofagia, para além da arte ———————————— 28
Rompendo com velhos amigos ————————————— 30
O desfecho de Benjamin e Elsie ———————————— 32
Discórdia entre modernistas —————————————— 34
Entre a pintura, a palavra e a ação —————————— 37
Rumo ao Rio – a entourage de Tarsila ————————— 39
Críticas a Tarsila ——————————————————— 44
Pagu rouba a cena —————————————————— 46
Pagu e os Amaral-Andrade —————————————— 48

Parte 2 ——————————————————————— 50
O Congresso Antropofágico e o fechamento da revista —— 51
Incongruências e realinhamentos ——————————— 54
Individual em São Paulo ——————————————— 56
O casamento encenado ——————————————— 59

O fim de Tarsiwald ——————————————————— 62
A parcialidade e a personalidade de Pagu ———————— 63
Antes do fim – Keyserling, Le Corbusier
e Josephine Baker ——————————————————— 66
Descobrindo a traição ————————————————— 70
A perda da fortuna —————————————————— 72

Parte 3 ———————————————————————— 74
Novas expectativas —————————————————— 75
O ritmo das pinceladas ————————————————— 77
Um novo parceiro ——————————————————— 79
Correntes artísticas e ideologias políticas ——————— 81

Parte 4 ———————————————————————— 86
"Nunca seria política" ————————————————— 87
Os relatos sobre o regime soviético ————————————— 88
Tarsila toma a palavra ————————————————— 90
Ver para crer ————————————————————— 91
De Paris à URSS ———————————————————— 93
A carta de Moscou ——————————————————— 95
Reprodução da carta de Tarsila ————————————— 96
Em Leningrado ———————————————————— 102
Uma última vez Paris ————————————————— 106
Onde o proletariado dirige... ——————————————— 108
A um passo de Stálin ————————————————— 112

Parte 5 ———————————————————————— 116
Uma prisão, duas prisões... ——————————————— 117
A ficha de Tarsila no DEOPS – o agente Guarany —————— 119
A SPAM e o Carnaval ————————————————— 126
A Internacional Comunista e o argumento pacifista ———— 127
Em nome do progresso – Lei Áurea e o sufrágio feminino — 130

Uma apropriação do feminismo ——————————————— 132
Contra (algumas) guerras ————————————————— 133
Em Montevidéu ——————————————————————— 136
No Clube dos Artistas Modernos ———————————— 138
A segunda exposição no Rio e a fase Social ———— 141

Parte 6 ———————————————————————————— 146
A memória de 1932 ———————————————————— 147
Últimos dias ao lado de Osório e do Comitê ———— 148
Os Moreyra ———————————————————————— 151
O começo displicente de um caso duradouro ——— 152
Desavenças familiares —————————————————— 155
Dulce e Beatriz ——————————————————————— 157
O fim da fase Social e os retratos —————————— 159
As primeiras palavras da escritora Tarsila do Amaral —— 161
Espionagem e a Intentona Comunista ——————— 162
"Que te adiantará todo o sacrifício?" ————————— 165
Um novo discurso ————————————————————— 167

Posfácio ——————————————————————————— 170
Referências ————————————————————————— 174
Índice remissivo —————————————————————— 188

Prefácio

Conheci a autora Renata Koraicho há um ano aproximadamente. Ela me disse que estava pesquisando sobre minha tia-avó, a pintora Tarsila do Amaral, e queria escrever um livro sobre uma fase menos divulgada de sua vida. Aquilo me chamou atenção, pois a grande maioria dos trabalhos em torno da artista fala principalmente dos anos 1920, da relação dela com o escritor Oswald de Andrade, dos anos vividos em Paris, dos amigos famosos e importantes, das viagens dela com Oswald e com o grupo modernista, e tudo o que envolveu esses anos incríveis.

Conversamos bastante, ela foi me contando sobre o projeto conforme ele foi se desenvolvendo e quando o material estava pronto eu o recebi para ler. Fiquei muito impressionada com a profundidade do seu trabalho e pesquisa. Faz mais de 25 anos que estudo sobre a vida e a obra de minha tia-avó, já escrevi alguns livros e diversos textos sobre ela. Os anos 1930 nunca foram contados dessa maneira. Meu pai, que além de ser um sobrinho muito especial para Tarsila, era também seu advogado, dizia que ela teve sim um envolvimento com o comunismo naquela época, que foi viajar para a Ex-União Soviética em 1931 acompanhada do seu namorado de então, o médico Osório Cesar, sabíamos que ela havia participado de reuniões do partido comunista no Brasil, e que foi presa quando voltou dessa viagem. Mas ele me disse que depois da prisão, ela nunca mais quis se envolver com política, e nem gostava de falar sobre esse assunto. Mas não sabíamos exatamente o porquê, pelo menos não até agora.

Outras biógrafas de Tarsila também contam essa história de modo resumido. Mas depois de ler o texto da Renata, tive uma impressão muito diferente sobre o que se passou com minha tia-avó nesse período. Antes eu sentia que de certa forma ela foi envolvida por influência do namorado e também por influência de um amigo que a ciceroneou na Rússia, Serge Romoff. Na carta que escreve de lá para a mãe, eu sempre senti uma ingenuidade, que também era uma característica dela, e que mostraram a ela só as coisas boas do comunismo. Acho que isso realmente aconteceu, porém descobri que ela teve uma atuação muito maior do que eu imaginava.

Falando de sua arte, o maior fruto dessa história foi o quadro *Operários*, um dos grandes ícones da arte brasileira. Vejo nessa obra uma empatia com o povo, com os trabalhadores, e tenho certeza de que isso existia nela de forma genuína. A arte e os textos que produz após esse período são prova de que essa disposição era algo inerente a seu caráter, independente de filiação ideológica.

Acho muito importante termos outras análises sobre este período da vida de Tarsila que completam a visão de uma mulher com uma sensibilidade social e crítica, envolvida com os acontecimentos de seu tempo e que tinha uma vontade viva de contribuir com sua voz e sua arte. Quero externar aqui a minha admiração por Renata Koraicho pela realização deste livro.

Tarsilinha do Amaral

Introdução

O que motivou a escrita deste livro foi perceber que existia uma lacuna na história de Tarsila do Amaral, pois sabemos muito pouco do que aconteceu em sua vida entre 1929 e 1935. Por algum motivo, ela se recusava a falar desse tempo. Mas o que poderia ter acontecido de tão incômodo a ponto de gerar uma ocultação deliberada? Aracy Amaral, a primeira grande biógrafa da pintora, foi quem registrou essa "recusa veemente da artista" de falar sobre essa época. Mesmo sem os esclarecimentos, Aracy pôde deduzir, à luz das pistas que tinha, que 1933 foi "um dos anos mais estimulantes, ainda que tumultuados, de sua vida pessoal"[1]. Ou seja, algo intrigante havia acontecido nesses anos secretos, e o desafio para descobrir o que foi estava lançado já na primeira biografia escrita sobre Tarsila.

O mistério também não era completo. É sabido que aquele foi um período de grandes mudanças: o fim dramático do casamento com Oswald de Andrade, a perda da fortuna da família, o contato com grupos políticos, passagem pela prisão e os descaminhos de sua arte. Ao se negar a tratar desses episódios, talvez Tarsila estivesse apenas buscando preservar seu legado, evitando que a memória de uma época difícil o prejudicasse. Então, por que não respeitar sua vontade e deixar esse vespeiro quieto? Acontece que as mudanças em sua produção após 1935 acusavam que uma transformação profunda ocorrera, e entender o que se passou pode contribuir para a interpretação tanto de sua obra como de sua atuação na cultura brasileira de forma mais ampla.

---

1 Aracy avisa ao leitor logo no início de seu livro "da recusa veemente da artista em abordar sua convivência de mais de dois anos com Osório César [seu parceiro na época] durante nossas entrevistas, assim como de se referir a sua ligação com movimentos de esquerda nos anos 30". A escritora acessa o período por relatos de terceiros, e é a primeira a registrar sobre a viagem à União Soviética e o posterior encarceramento de Tarsila. AMARAL (2010), p. 16.

Quanto à primeira metade de sua vida, a mais estudada e divulgada, esse é o tempo em que realiza suas principais obras de arte: as telas da fase Pau-Brasil (1924-1928) e Antropofágica (1928-1929). No âmbito afetivo, há o empolgante início do relacionamento com Oswald de Andrade e, na vida social, o convívio com grandes nomes da arte e intelectualidade moderna no Brasil e na Europa. Essa primeira parte de sua história vive no imaginário de muitos brasileiros como um mito, quase um conto de fadas nacional. A trama desses anos de sucesso é, de fato, irresistível: garota rica, inteligente e ousada, que se aventurou pelo mundo e o conquistou com seu jeito único de ser. Tinha admiradores e um grande amor. O momento em que esses acontecimentos se ambientam é também dos mais fascinantes: os frenéticos anos 1920, vividos por Tarsila entre São Paulo e Paris. Entre os coadjuvantes estão nomes como Fernand Léger, Robert Delaunay, Mário de Andrade e Souza Lima.

Mas nossa história começa quando uma reviravolta de acontecimentos interrompe a trajetória estelar. Em fins de 1929, seu parceiro a troca por uma moça mais jovem e (que pretendia ser) ainda mais rebelde. No mesmo ano, ela perde a fortuna e a inspiração artística parece secar. Se antes ela tinha riqueza, fama e um grande amor ao seu lado, neste novo capítulo o dinheiro havia acabado, a produção artística se desencontrado e o coração fora traído. Do conto de fadas à tragédia, a tríade de acontecimentos funestos levou a uma total mudança de vida.

Seria esse o fim do período mais relevante da vida de Tarsila? Arrisco dizer que não, aliás, pode ser mesmo o início de uma história muito mais interessante – está bem, você pode pensar que talvez eu esteja exagerando, pois é difícil ficar mais interessante do que as festas nos ateliês de pintores na Paris dos anos 1920, regadas a cachaça, champanhe e fumo de corda. Tudo isso ocorria em um cenário que misturava o exótico e o luxuoso, onde se virava a noite debatendo arte, filosofia e política na companhia de tipos como Picasso, Isadora Duncan e o príncipe Kojo Tuvalu, do reino africano de Daomé. A comparação entre os dois momentos de vida é injusta em termos de *glamour*, mas não de enredo.

Esse novo momento não deixa nada a desejar quanto a personagens e acontecimentos históricos: temos guerras, complôs internacionais, traição e até feitiçaria. Tarsila segue vivendo no meio da ebulição cultural, estando próxima de Flávio de Carvalho, Jorge Amado, Assis Chateaubriand etc. Mas a história que começa a ser desenhada a partir das reviravoltas de 1929 possui paisagens mais áridas de provação, nas quais a capacidade de superação da artista torna visível um lado admirável de sua personalidade. O esforço para se reencontrar e seguir em frente é, na minha avaliação, um exemplo mais valioso do que o deixado por quem apenas vive os louros de grandes feitos desempenhados em ambiente absolutamente favorável. O lado exuberante, festeiro e provocador de sua personalidade é apenas uma de suas facetas. Ao olharmos a sequência de suas expressões, descobrimos também uma Tarsila mais ponderada, resiliente e imensamente determinada. Talvez mais inspirador que o sucesso seja a capacidade de se reinventar e, como veremos, ela foi capaz de fazê-lo.

Passada a fase turbulenta, Tarsila terá ainda cerca quatro décadas de vida, nas quais seguiu produzindo. Com a diferença de que agora, além da pintura, ela também vai se expressar pela escrita. Ao todo publicou mais de 230 textos originais, a imensa maioria após 1935, em formato de crônicas no jornal *Diário de S. Paulo*. Portanto, compreender o que se passou naqueles anos obscuros pode ajudar a entender não só as mudanças em sua arte, mas também o posicionamento que adota em seus textos.

Existe ainda uma outra vantagem em adentrarmos esse período da vida de Tarsila, e que extrapola o interesse pela figura da artista. Embora não tenha sido algo planejado de antemão, ao recompor essa história, também acabamos montando um interessante quadro dos acontecimentos do início do século XX, no qual ficou aparente o entrelaçamento entre a arte e a política que acontecia no período. Acessamos as informações sobre Tarsila olhando para os eventos e as pessoas com quem ela esteve envolvida e, na época, suas atividades vão muito além da entrega como pintora. Entre os muitos episódios, podemos destacar sua ida à Europa e União Soviética no efervescente período entreguerras, o vínculo com artistas e intelectuais de influência global, e o contato com o comunismo e outras ideologias nascentes que moldaram aquele início de século. Assim, creio que a pesquisa também joga luz sobre fatos da história recente do Brasil e do mundo.

Por fim, devo falar do processo de reconstituição desse momento. Iniciei com as pistas contidas nas biografias e pesquisas feitas sobre Tarsila[2], e segui buscando vestígios em biografias de terceiros (as autobiografias de Geraldo Ferraz e de Luís Martins foram cruciais nessa etapa). Destaco também a importância dos esclarecimentos que obtive com Tarsilinha, sobrinha-neta da artista, que muito generosamente me recebeu para uma conversa em sua fazenda; e das informações contidas na ficha policial de Tarsila, registros feitos na época em que foi investigada pelo Departamento de Ordem Política e Social (DEOPS). Por último veio o trabalho mais extenso, que se deu no acervo digitalizado de jornais da época, consultados graças ao banco de dados da Biblioteca Nacional Brasileira (Hemeroteca Digital). Foram centenas de artigos consultados. O valor desse acervo é inestimável e me faltam palavras para parabenizar e agradecer a existência desse repositório de acesso livre ao público – para qualquer um que tenha interesse em revisitar as

---

2 Das quais é preciso destacar o papel central que os livros de Aracy Amaral, Laura Taddei Brandini, Mary Del Priore e Nádia Battella Gotlib tiveram, bem como a obra de Maria Eugenia Boaventura sobre Oswald de Andrade, e de Ana Luisa Martins sobre Luís Martins.

páginas de nossa história e compreender de forma mais direta como os eventos se desenrolaram, recomendo um passeio por lá. Muitos trabalhos acadêmicos e outros livros também foram consultados, bem como o acervo dos jornais *Folha de S. Paulo* e *O Estado de S. Paulo*, outras fontes valiosas.

Seguimos, então, a contar a história desses anos secretos da vida de Tarsila. O livro é composto de tópicos relativamente curtos, nos quais os eventos são apresentados com os principais personagens envolvidos. A reprodução de partes de documentos da época deve ajudar a dar corpo e voz própria à miscelânea de personagens, ideias e organizações que vão surgindo ao longo da narrativa. Espero que você se sinta parte desse processo investigativo.

Parte 1

A família Amaral-Andrade

Mais uma festa estava sendo preparada no casarão da fazenda em Itupeva, no interior de São Paulo. Dessa vez os colonos foram convidados a brindar junto. Tarsila e Oswald aguardavam o retorno dos filhos, Dulce e Nonê. A garota era filha da pintora com seu primeiro marido; e o menino, de Oswald, também do seu primeiro enlace. Retornavam de uma longa temporada na Europa, oito meses passados longe de casa. Foi em maio de 1928 que Dulce embarcou com a mãe e o padrasto rumo a Paris (Nonê os alcançou depois). A família segue junta até julho, quando Tarsila e Oswald decidem retornar, deixando os jovens com uma tutora. Ficaram cinco meses a mais no velho continente, sob a supervisão de Angelina Agostini, pintora brasileira e amiga de Tarsila que, na época, também atuava como acompanhante da família. Dulce estava com 22 anos, e Nonê, 13. Os dois ansiavam pelo retorno.

O navio deles aportou em Santos em uma manhã de janeiro de 1929. De lá, Dulce e Nonê rumaram direto para o lar, sem nem mesmo esperarem por Angelina, que ficou aguardando os grandes baús de viagem serem descarregados do navio, e por isso chegou mais tarde à fazenda. A tutora tardou, mas não perdeu a festança; ao chegar, ela logo se encarrega de servir cerveja aos colonos, que faziam fila para encher seus canecos. Música, dança e boa comida. Havia muito o que contar, desde os apuros que passaram até as fofocas dos amigos de Paris. Ao fim do dia, o clã montou em seus cavalos e foi visitar os parentes nas terras vizinhas.

A peregrinação de Dulce

Ser filha única de pais separados não era algo comum no Brasil da época, embora se tornasse menos problemático quando a criança vinha de uma família abastada. Esse era o caso de Dulce.

Completara 14 anos em 1920, quando a mãe a levou para viver na Europa. Passou a juventude estudando em colégios internos. Nesse tempo, Tarsila intercalava temporadas vivendo entre São Paulo e Paris. Encontrava-se com a filha esporadicamente, quando ia visitá-la, ou durante as férias escolares. Sem dúvida Dulce teve a melhor educação, nos melhores colégios; mas o que realmente almejava era retornar ao Brasil. Assim que terminasse os estudos, afirmava em suas cartas, iria viver com a avó, Dona Lydia, mãe de Tarsila, no interior paulista. Queria Itupeva e Capivari antes de Londres ou Paris.

O retorno de Dulce acontece em 1926. No navio, além da mãe, a acompanhava também Oswald de Andrade, então no cargo de futuro padrasto. Ao chegar à sua terra natal, em vez da rotina ao lado da avó, a menina se vê no meio da vida frenética de Tarsila e Oswald – um ambiente não tão estável como ela estava esperando. Aqueles foram tempos agitados para o casal: primeiro houve a organização da festa de casamento que oficializa a união "Tarsiwald", ocorrida em 30 de outubro de 1926, depois veio a reforma da fazenda onde a família viveria, além, é claro, do fazer artístico e da vida social agitada dos dois. Tarsila se dedicava ao enxoval, pensando em cada detalhe. Trocava correspondências com um *sommelier* na França, encarregado de montar a seleção da adega de vinhos, e com um amigo, o músico Souza Lima, a fim de encomendar um piano igual ao dele para a residência. Cada decisão requeria tempo. Em uma carta de Oswald para Dulce, ele faz questão de contar para a "filhinha" (como ele a chama) que o quarto dela seria todo azul, e o de Nonê, branco.

A filha ficou sabendo da cor de seu quarto por uma carta, pois mais uma vez se encontrava longe de casa, viajando. E o fez, novamente, por influência de sua mãe. Sucedeu que, em meio à empolgação típica do momento lua de mel, o casal ainda se envolveu com outra atividade: planejaram uma viagem-expedição ao norte do país, programada para o início de 1927. Mário de Andrade foi o mentor desse projeto. O grupo se animava pensando no roteiro e nas possibilidades de descobrir novos "Brasis" – um projeto bem ao sabor do trio Tarsila-Oswald-Mário. Junto deles estariam Dulce, a amiga Dona Olívia Guedes Penteado e sua sobrinha. Tudo parecia certo até que, quando o momento do embarque se aproximou, os recém-casados desistiram da viagem. Dulce iria seguir sem a família, apenas na companhia de Mário, Dona Olívia e Mag (a sobrinha de Dona Olívia). Para mitigar a desfeita, a mãe e o padrasto prometeram se juntar ao grupo em algum momento da viagem. "Nós iremos talvez a 24 ou a 17 ou em julho. Tudo depende..." – escreveu Oswald.

Sobre a indisponibilidade de Tarsila, podemos afirmar que nossa artista andava de fato muito ocupada. No ano do casamento não finaliza telas, mas a produção artística volta a pulsar em 1927, e 1928 acaba sendo um dos anos mais produtivos de sua arte. Em meio à ebulição, em janeiro de 1928 nasce um fruto especial: o *Abaporu*. E com ele a antropofagia ganha vida. Oswald recebe o quadro de presente, e logo em seguida escreve o manifesto fundador daquela corrente e lança a *Revista de Antropofagia*. O primeiro exemplar da *Revista* é de 1º de maio de 1928.

Tarsila tinha telas novas, e Oswald, seu manifesto. Era hora de voltar a Paris para mostrar suas criações. Apenas cinco dias depois de lançada a *Revista*, a família parte rumo à segunda exposição individual de Tarsila na Europa. Mais uma vez Dulce se vê deixando São Paulo. Nonê vai se juntar a eles na Cidade Luz, onde o grupo é bem recebido por onde passa. Esbanjam alegria e riqueza. Os filhos se sentem prestigiados ao lado dos pais (se dependesse deles, permaneceriam assim). Para eles, aquela união representava a possibilidade de um lar.

Porém, para o seu desgosto, a má notícia não tardou: Tarsila e Oswald decidem voltar sozinhos para o Brasil em julho, pouco tempo depois de encerrada aquela que foi a segunda exposição individual de Tarsila na cidade (a primeira havia sido em 1926). Dulce e Nonê devem ficar em Paris sob a supervisão de Angelina. Mas as "crianças" não ficaram nada felizes em serem deixadas para trás. Já no mesmo mês, Nonê protesta em uma carta: "Olha aqui. Eu não estou disposto a esperar mais dois anos antes de ver vossas senhorias e por isso não se esqueça de comprar passagens assim que chegarem em São Paulo". Dulce junta coro: "Eu já estou mais que enjoada de Paris e doida para partir"[3]. Nessa carta, Dulce revela como era alto o custo para manter o estilo de vida abundante a que os pais os acostumaram. Ela parece alarmada pela falta de recursos e pede para enviarem mais dinheiro, pois só assim poderiam continuar aceitando participar dos eventos a que eram convidados, e manter os hábitos de passeio e lazer na capital francesa. Apesar dos apelos, só vão regressar a São Paulo cerca de seis meses depois.

O retorno abrupto

As telas novas de Tarsila não foram tão bem recebidas em Paris nessa segunda mostra. Apesar de haver pouca documentação sobre isso nos livros de história da arte brasileira, graças ao trabalho do pesquisador Rafael Cardoso ficamos sabendo que a segunda individual da artista recebeu pouca atenção e quase nenhum elogio[4]. Críticos que eram conhecidos da pintora foram mais amigáveis,

---

3 ANDRADE FILHO (1928), apud AMARAL (2010).
4 CARDOSO (2019).

mas não acrescentaram nada de novo, mantendo os comentários feitos anteriormente sobre a arte da brasileira, caracterizando-a como primitiva, intuitiva e decorativa. Outros, porém, foram menos simpáticos: o periódico *Les Temps* limitou-se a elogiar sua aplicação das cores, mas diminuiu o comentário ao dizer que essa capacidade de Tarsila era desperdiçada em uma "composição cubista sem cabimento". A *La Reinassance* também enquadrou nossa artista dentro do movimento cubista (já datado naquele ano de 1928). "Ingenuidade" foi o termo usado pelo crítico Raymond Cogniat para descrever a arte de Tarsila – ele havia se entusiasmado muito com sua exposição de 1926, mas ficou menos impressionado com a coleção mostrada dois anos depois.

Não podemos afirmar ao certo se a crítica ácida foi o que motivou o retorno abrupto de Tarsila e Oswald ao Brasil, entretanto, a sequência de acontecimentos parece indicar que houve uma mudança de estratégia na atuação dos dois, que passam a se interessar mais por sua terra natal. Se antes, ainda no início de 1928, Tarsila revelou ao jornalista Geraldo Ferraz que nem cogitava expor no Brasil e, mesmo após o retorno, Oswald disse ao amigo jornalista que Tarsila fazia "arte de exportação", a partir do segundo semestre de 1928 tanto Tarsila quanto Oswald vão se mostrar mais determinados em dar voz à antropofagia no Brasil. Oswald concentra seus esforços em torno da *Revista*, e Tarsila finalmente organiza sua primeira exposição individual no país.

Primitivismo e surrealismo

Outro casal de artistas iria deixar a capital francesa rumo às terras tropicais do Novo Mundo naquele início de 1929. Trata-se da cantora carioca Elsie Houston-Péret e de seu marido, o poeta surrealista francês Benjamin Péret. Buscavam aprimorar suas carreiras, aprofundando os estudos sobre povos primitivos da América do Sul. Queriam vir ao Brasil para ter acesso a essas culturas isoladas, intocadas ou não "contaminadas" pelos valores civilizatórios ocidentais – um objeto de estudo pelo qual os surrealistas tinham verdadeira obsessão.

Em sua busca por deixar Paris, comentavam com amigos sobre suas ambições, embora não tivessem muitos recursos para realizá-las. Foi quando um desses amigos se compadeceu e resolveu ajudar como podia. Era Heitor Villa-Lobos[5]. A estada do músico na Europa era financiada pelo grande mecenas brasileiro Arnaldo Guinle, e ele pensou que seu patrono talvez se animasse em apoiar os projetos de Elsie e Benjamin. Intermediado por Villa-Lobos, o poeta escreve a Guinle falando da importância de seu trabalho e detalhando suas ambições: pretendia produzir um filme documentário[6] e um outro de ficção, além de escrever artigos para jornais e um livro, enquanto sua esposa desenvolveria um novo espetáculo inspirado nas canções dessas culturas. Mas a proposta não despertou o interesse de Guinle, que se recusa a financiá-los. Mesmo assim, o casal insiste no projeto, e embarca com o pouco dinheiro que tinha. Para ajudá-los, Villa-Lobos escreveu cartas de recomendação a pessoas influentes de São Paulo. Elsie e Benjamin também contavam com a recepção dos amigos Tarsila e Oswald, que não lhes falharam.

Os quatro haviam convivido na Europa, mas foi no Brasil que o vínculo se fortaleceu. Tinham interesses em comum, dentre eles

---

5 Elsie era especialmente aplaudida como intérprete de Villa-Lobos nos palcos franceses.
6 Vale lembrar que filmes documentários eram uma grande novidade. Um dos filmes que fizeram o gênero cair no gosto do público foi *Nanook of the North*, que mostrava a vida de uma família de esquimós. *Nanook* foi lançado em 1922. Benjamin deveria ter em mente fazer algo similar, mostrando os povos da América do Sul.

a inspiração pelo primitivo, que tocava também a arte de Tarsila e os textos e teorizações de Oswald (o que também acontecia com outros artistas e intelectuais que vinham desenvolvendo seus trabalhos a partir das correntes do pensamento moderno[7]). O casal Amaral-Andrade cumpriu papel importante na recepção dos recém-chegados e, em menos de um mês após desembarcar em São Paulo, Péret já dava palestra sobre o surrealismo. Oswald foi quem fez a vez de mecenas e patrocinou o evento, pagando 12$000 réis na reserva do salão vermelho do Hotel Esplanada. A conferência ganhou espaço na imprensa, onde destacaram primeiro os aplausos entusiasmados, para depois se comentar o reduzido número de pessoas presentes ou, no eufemismo jornalístico, "apenas um público seleto".

---

7   Apesar da aparente contradição dos termos "primitivo" e "moderno", artistas e intelectuais vindos de várias correntes da arte moderna se interessavam pelas culturas ancestrais, pois acreditavam que esses povos tinham maior liberdade para se expressar do que os europeus de então, que, a seu ver, seguiam parâmetros rígidos para organizar suas sociedades e guiar o fazer artístico.

Benjamin Péret e o super-realismo

Damos hoje a summula dos pontos principaes a serem tratados pelo illustre poeta francez, sr. Benjamin Péret, na sua proxima conferencia, nesta capital, sobre as causas immediatas do "surréalisme".

A arte sob o ponto de vista extremado de Mallarmé Valery e os symbolistas nulla a sua relação com a vida.

Apollinaire e o cubismo — O humour. A inspiração occupa um lugar de destaque durante o periodo de guerra e anterior á guerra.

Jacques Vaché, precursor do dadaismo.

1917 — Dada. A negação total, a equivalencia de todas as cousas, a revolta anarchica de Dada contra a arte e os preconceitos de toda especie.

A espontaneidade. Revelação do inconsciente.

As relações do super-realismo com a psycho-analyse de Freud. O sonho. O super-realismo não é um movimento literario: antes, liberação total do espirito. Os seus precursores.

Swift e o humour. Sade e o erotismo.

Petrus Borel e a revolução.

Lautréamont: a revolta selvagem, a colera, a pureza.

Rimbaud e a revolução desesperada. Jarry e o humour-revolta.

Huysmans (antes do catholicismo) e a analyse da mediocridade.

Appolinaire e a procura da novidade.

Jacques Vaché: a revolta tragica, o desespero, o humour.

Conclusão: o mundo através do super-realismo.

Opportunamente, daremos noticia do dia, local e hora, em que o sr. Benjamin Péret realizará a sua conferencia, que, certamente, despertará grande interesse nos circulos intellectuaes de S. Paulo.

Anúncio da palestra de Benjamin Péret sobre o surrealismo. *Diário Nacional* (01 mar. 1929).

Coincidência ou cópia?

À exceção de Oswald, o poeta francês realmente não vai angariar muitos fãs no Brasil. Mas havia uma clara afinidade no pensamento dos dois senhores, que nutriam uma admiração mútua. Da última vez em que estiveram juntos, em Paris, em 1928, o brasileiro acabara de publicar o Manifesto Antropofágico, em que elogia o caráter revolucionário do surrealismo. Oswald trabalhava ideias próximas ao surrealismo desde seu primeiro manifesto (da Poesia Pau-Brasil) – na verdade, tão próximas que críticos adversários o acusavam de ter apenas traduzido os conceitos que ouvira na Europa.

Um importante crítico literário da época, Tristão de Athayde, desafiava Oswald publicamente com tais acusações de plágio desde 1925. Em um de seus artigos ácidos, "Literatura suicida", de 28 de junho de 1925[8], Athayde apresenta trechos dos manifestos Dada e da corrente expressionista alemã, tornando evidente a similaridade entre eles e o conteúdo do pau-brasilismo. No início de 1928, Athayde volta a atacar, dessa vez incluindo o Manifesto Surrealista entre as fontes não citadas por Oswald. Em resposta à acusação, o escritor diz que seus adversários pretendiam "lançar sobre o meu primitivismo a suspeita de ter sido trazido da Europa em cabine de luxo (...)", e justifica a coincidência, "Que culpa tenho eu de coincidir com um movimento de pré-cultura, hoje não só constatado em toda a literatura legível dos últimos tempos, como por toda a crítica do mundo?"[9]. A resposta é de março; dois meses antes de o novo manifesto (da antropofagia) ser publicado.

---

8 ATHAYDE, Tristão. Literatura suicida: I Lucides. *O Jornal*, Rio de Janeiro, n. 2001, 28 jun. 1925.
9 ANDRADE, Oswald. Carta de Oswald. *Correio Paulistano*, São Paulo, n. 23203, 30 mar. 1928.

Se essas críticas afetaram Oswald? Difícil mensurar o quanto, mas parece que sim. Basta ver que, no texto de seu segundo manifesto, ele se deu o trabalho de citar suas referências (fala, como vimos, do surrealismo, e também apresenta o nome de autores cujas teorias influenciaram a antropofagia, como Freud, Keyserling, entre outros).

Antropofagia, para além da arte

Independentemente da acusação de plágio (para a qual não oferecemos resposta aqui), é evidente que havia similaridades nas ideias defendidas pela antropofagia e pelo surrealismo. E um dos pontos centrais a que se debruçavam naquele ano de 1929, momento em que Tarsila, Elsie, Oswald e Benjamin estavam juntos, era o de levar os princípios guias das vanguardas artísticas para o campo da vida prática, da moral e mesmo da organização social – essa mesma proposta começa a aparecer de forma similar em muitos outros agrupamentos artísticos. Esse parece ter sido um momento de virada no universo das artes, em que artistas e intelectuais passaram a se preocupar com o debate político de forma mais explícita.

Nas palavras de Péret, publicadas em fevereiro de 1929:

> o surrealismo pode ser considerado como verdadeira revolução do espírito (...) A nossa revolução não é meramente artística. Supõe mesmo, uma base moral exterior à arte (...) É um engano, que cumpre retificar com energia, pensar que nossa revolução tem um caráter puramente literário ou artístico[10].

---

10 PÉRET (19 fev. 1929).

E na *Revista de Antropofagia*, em março de 1929:

> A descida antropofágica não é uma revolução literária. Nem social. Nem política. Nem religiosa. Ela *é* tudo isso ao mesmo tempo. Dá ao homem o sentido verdadeiro da vida (...)[11].

A similaridade dos textos é evidente. Na linha do que disse Oswald em sua resposta a Athayde, podemos argumentar que essas eram ideias que estavam no ar naquele momento, e isso pode ser sustentado, dado que não são, de forma alguma, manifestadas exclusivamente pelo surrealismo ou pela antropofagia. Mas creio que podemos afirmar que a presença de Péret impulsionou o debate dentro do salão de Tarsila e Oswald. Se na Europa o surrealismo era um dos movimentos que acreditava deter a chave para uma nova sociedade, na América Latina Oswald sustentava que suas ideias em torno da antropofagia eram ainda mais acertadas. Inflado de certezas e energia combativa, o escritor brasileiro estava em estado volátil e, como veremos, foi levado à combustão pela "sinceridade rude" de Péret.

Antropófagos passam a entender o modernismo como uma fase embrionária de ideias. Foi bem-sucedida ao dar voz a uma geração que queria propor novos modelos de arte e literatura, libertando-se dos padrões rígidos da academia. Porém, era limitada em seu objetivo de romper paradigmas apenas no campo estético e pelo impacto reduzido. Quase uma década depois, a antropofagia pretendia avançar nas proposições para além do campo da arte, e pensava formas de influenciar a moral e os costumes da sociedade brasileira.

---

11 Texto da *Revista de Antropofagia*, assinado com pseudônimo Japy-Mirim, publicado originalmente no *Diário de S. Paulo*, em 24 de março de 1929. *Revista de Antropofagia*. São Paulo, Editora Abril, p. 96, 1975.

Rompendo com velhos amigos

Tarsila e Oswald começaram a ser desafiados por colegas de modernismo, que não concordavam com o desenvolvimento sugerido por eles. O círculo social Tarsiwald vai se afunilando, primeiro na época do pau-brasil, e ainda mais com a antropofagia. O isolamento cresce na medida em que suas ideias se radicalizam. Em seus textos, Oswald perde parte do bom humor para adotar um tom crítico, escrutinizante de tudo e de todos. Sua principal ocupação e forma de expressão na época, a *Revista de Antropofagia*, acompanha o mentor e sofre mudanças importantes. Em março de 1929 (um mês após a chegada de Benjamin Péret), o periódico deixou de ser impresso como revista para se tornar um suplemento semanal do jornal *Diário de S. Paulo*. Há menos gente escrevendo, menor volume de texto e nenhum espaço para opiniões dissonantes.

Para marcar a transição, a segunda fase da revista leva, acrescido ao nome, o gracejo de ser a "2ª dentição". E de fato mordia, com suas análises nada generosas do trabalho e da personalidade de colegas do meio literário, muitos dos quais, até pouco tempo, tratados com respeito. No alto de sua soberba, Oswald acreditava que colheria os frutos pela ousadia, mas, por fim, angariou mais desafetos do que admiradores. A *Revista* fez muitas vítimas com ataques abertos a amigos íntimos e colegas do círculo social de Tarsiwald, os quais acabaram se afastando. O caso mais notório foi Mário de Andrade, cuja longeva e produtiva parceria cessou após a publicação do artigo "Miss Macunaíma", de junho de 1929[12]. O texto causou polêmica por investir em picuinhas de ordem

---

[12] Texto da *Revista de Antropofagia*, assinado com pseudônimo Octacilio Alecrym, publicado originalmente no *Diário de S. Paulo*, em 26 de junho de 1929. *Revista de Antropofagia*. São Paulo: Editora Abril, p. 107, 1975.

pessoal. Embora outras acusações tivessem sido feitas antes, esse artigo foi o estopim.

Mas a implicância de Oswald não estava exatamente ligada a picuinhas menores. O embate se deu mesmo pelo distanciamento do pensamento de Mário daquilo que Oswald julgava ser o rumo correto. Para ele, Mário traiu a causa, por exemplo, ao conceder valor aos parnasianos e se aproximar da academia. Tornou-se um ex-aliado, passando a representar a suavização da crítica feita aos velhos costumes – e, para quem vislumbrava uma completa reinvenção de valores, isso era inaceitável. Mário havia sido um grande amigo, especialmente próximo de Tarsila, além de ter criado uma das obras literárias mais adoradas pelos antropófagos: *Macunaíma*. Perder seu apoio foi especialmente doloroso e, talvez por isso, ele tenha sido atacado com mais veemência do que outros "desertores".

> Mas o que pretendiam, afinal, os renovados "antropófagos" com o terrorismo literário de sua página explosiva?
> Restabelecer a linha radical e revolucionária do Modernismo, que já sentiam esmaecer-se na diluição e no afrouxamento. E mais do que isso. Lançar as bases de uma nova ideologia[13].

Oswald levou a pregação a sério. Dentre os antigos aliados que foram ridicularizados pela *Revista* e se afastaram do convívio do casal, estavam Menotti Del Picchia, Alcântara Machado, Graça Aranha, Paulo Prado e Plínio Salgado. Poucos permaneceram apoiando as ações da antropofagia. Os colaboradores com atuação mais evidente na *Revista* foram: Raul Bopp, Jayme Adour da Câmara, Oswaldo Costa e Geraldo Ferraz. Benjamin fez contribuições esporádicas. Tarsila se encarregou da maior parte das ilustrações; apareceram também desenhos de Patrícia Galvão, Cicero Dias e Di Cavalcanti.

---

13 CAMPOS (1975).

O desfecho de Benjamin e Elsie

A vida desses personagens ilustra a transição do campo artístico para o político, típica daquele momento. Ainda em 1929 eles seguem próximos a Tarsiwald, inclusive integrando o grupo de amigos na abertura da exposição de nossa pintora no Rio, mas a virada de década também acarretará mudanças de caminhos para eles. Benjamin deixou o Brasil em 1931. No resto de sua vida ele seguirá mais envolvido com a militância política do que com a poesia, sendo notórios seu apoio a Leon Trotsky (o exilado revolucionário soviético); sua atuação em grupos organizados em países da Europa e no México; e a luta ao lado dos republicanos na Guerra Civil Espanhola.

A presença de Elsie na cena cultural de São Paulo perdura por mais algum tempo, porém seu canto já não era o lírico. Ela havia desenvolvido os espetáculos performáticos em torno do que ela denominava serem ritos *voodoo*, com os quais seguirá até o fim de sua curta vida. Em meados de 1933 parte para Paris, vindo ao Brasil apenas a passeio. Alguns anos depois, muda-se para os Estados Unidos; o casamento com Benjamin havia acabado e a ameaça de guerra no velho continente se tornava cada dia mais real. Shows exóticos ganhavam o gosto do público norte-americano e Elsie alcança certa fama, porém outros artistas concorriam nessa mesma seara de espetáculos inusitados (e dentre eles, uma brasileira começava a ganhar fama: Carmen Miranda).

Retrato de
Elsie Houston
Foto: Carl
Van Vechten

Elsie já não era mais uma novidade, e reza a lenda que começa a se fatigar com a estagnação de sua carreira. Uso aqui o termo "lenda", pois o que se passou a seguir é um mistério até os dias de hoje: Elsie foi encontrada sem vida em seu apartamento, em Nova York, ao lado de um frasco de remédios vazio. A desilusão da cantora com sua carreira foi uma das hipóteses levantadas pela polícia para justificar o suicídio, mas essa não era a única explicação possível. Alguns detalhes da cena do crime deixaram dúvida se Elsie tirou a própria vida ou se havia sido vítima de um assassinato.

Havia motivos suficientes para suspeitar de um homicídio, entre eles podemos citar o desaparecimento do rapaz que era parceiro de Elsie nos últimos anos, um tal de Marcel Courbon, que se autointitulava barão de origem belga. O vínculo da cantora com o regime soviético também contribuiu para a tese de assassinato: esteve por anos ao lado de Benjamin Péret, que criticava abertamente o rumo que o regime de Stálin tomava, preferindo as proposições de Trotsky (considerado um detrator do regime stalinista e que foi assassinado por conta disso). Depois, já nos Estados Unidos, Elsie atuou na organização The Women's Division of Russian War Relief Society, ligada ao regime russo. Teria ela falado coisas controversas ao ideário stalinista, ou feito algum elogio a Trotsky que desagradou seus companheiros? Não temos como saber ao certo, afinal, nem mesmo a investigação da polícia americana conseguiu concluir o caso, embora seja digno de nota que não aceitaram a hipótese de suicídio. Seja qual for a explicação de sua morte, a história de Elsie Houston pinta com cores vivas um pouco do clima da época.

Discórdia entre modernistas

Há ainda muito a ser dito sobre as rixas que se deram entre os artistas exponenciais do modernismo brasileiro nos anos que se seguiram à união deles, em 1922. Da mesma forma como a antropofagia criticava seus ex-colegas, estes também trouxeram a público suas ressalvas aos desdobramentos encabeçados por Tarsila e Oswald. O rompimento com Mário de Andrade talvez seja um dos casos mais tratados nesse sentido, mas essas brigas enveredaram por muitos outros caminhos. Os jornais da época foram palco, por exemplo, de um debate bem mais longo e acalorado com o grupo Verde-Amarelo (às vezes grafado verdamarello). Este grupo opositor era liderado por Menotti Del Picchia (grande nome do modernismo) e Plínio Salgado (que teve atuação mais discreta, mas também integrou a patota modernista).

Ainda em épocas de pau-brasil, os textos verde-amarelos trazem gracejos e acenos explícitos ao grupo em torno de Tarsila e Oswald. Julgavam que os dois movimentos eram muito próximos, mas diziam que o verdamarello possuía uma vantagem importante: incluía mais pessoas na feitoria, havia maior pluralidade de opiniões e, por isso, tinha mais chances de repercutir com o público. Embora seja uma corrente menos estudada atualmente, a presença deles naqueles anos influenciou a vida de Tarsila e de Oswald. A atuação do grupo começa a aparecer nos jornais em 1925. Nesse ano, Cassiano Ricardo já escreve:

> é uma pena que Oswald de Andrade, para ser brasileiro, tenha tentado um regresso primitivista incompatível com a sua própria feição de modernidade. (...) Pau brasil é primitivismo incaracterístico, é submissão colonial; verde-amarelo supõe um destino reconhecido, para rumos determinados, já numa concepção mais espiritual, mais sentimental, mais redimida, de pátria nova[14] (...).

Em 1927, em um texto assinado por "Helios", no *Correio Paulistano*, vemos mais um exemplo das provocações bem-humoradas feitas contra Oswald (sugerindo seu olhar distanciado para o Brasil) e nota-se como, também nos verde-amarelos, o embrião da atuação política começava a crescer:

---

14 CASSIANO (29 set. 1925).

> Verde-amarelo e Pau brasil – dois modos de se ver a "pátria amada" – um de dentro e outro de fora, um do Brasil-Brasil, outro de bordo do "Marselha", podem juntos completar a grande obra de estudo nacional iniciada pela inquietude da geração nova. Toque o hino, maestro... Os modernistas, descentralizados no segundo período da campanha, começam a oferecer uma frente única contra o passadismo (...). Às armas, cidadãos! Formai os batalhões[15]!

Apesar de os verde-amarelos expressarem interesse em se unir novamente ao clã em torno de Tarsiwald, nenhum dos lados estava disposto a abrir mão de suas convicções. Assim, em 1929, um novo embate se inicia, agora por conta da antropofagia. Nesse tempo, os verde-amarelos também haviam ficado conhecidos como a Escola da Anta – associaram-se à imagem desse animal que tem o hábito de abrir caminhos onde antes não existiam, como um símbolo de sua crença de que o país tinha a capacidade de integrar as diferentes influências culturais de sua população, formando, assim, um conjunto próprio e único[16]. Em meio às discussões, o verde-amarelismo também produz um texto-manifesto, publicado em maio de 1929, no qual, mais do que nunca, o gesto atenuante dos herbívoros da Escola da Anta fica visível: "aceitamos todas as instituições conservadoras, pois é dentro delas mesmo que faremos a inevitável renovação do Brasil"[17]. Essa fala foi ridicularizada pelos antropófagos, que respondem na *Revista*:

---

15 CORREIO PAULISTANO, "Congraçamento". 7 abr. 1927.

16 Além da anta, os verde-amarelos também sugerem como símbolo os tupis, os quais, entendiam, tiveram uma predisposição amigável para com os portugueses, interpretada como um gesto de ausência de preconceito. Mas os antropófagos queriam mesmo o índio canibal, os tapuias. Esse debate entre herbívoros e canibais, tupi e tapuia, rendeu muitos textos na imprensa brasileira da época, recheados de simbolismos.

17 CORREIO PAULISTANO, "O atual momento...". 17 maio 1929.

> Os verdeamarelos aqui querem o gibão e a escravatura moral, a colonização do europeu arrogante e idiota e no meio disso tudo o guarani de Alencar dançando valsa. Uma adesão dessa não nos serve de nada (...).

Entre a pintura, a palavra e a ação

Todo esse debate parece ter afetado pouco a arte de Tarsila. Diferentemente do marido, ela quase nunca era o alvo dos textos dos opositores do pau-brasil, ou da antropofagia. Embora endossasse as propostas dos movimentos, deixava o embate de palavras para Oswald, enquanto se concentrava em seu campo de atuação, o estético. Sua carreira vinha se desenrolando de forma paulatina e consistente, e não havia dilemas em suas transições. Bebeu do impressionismo, cubismo, passou pelo modernismo, foi pau-brasil e agora era antropófaga. Embora o apreço do público brasileiro pela arte moderna ainda fosse incipiente, ele crescia aos poucos. Seria apenas uma questão de tempo para que o grande público desse valor à sua arte. E, por ora, ela já contava com um pequeno, mas importante, círculo de admiradores que celebravam seus feitos.

O casal dividia seu tempo entre Itupeva e São Paulo. A fazenda era a residência oficial, enquanto em São Paulo eles recebiam seus convidados no solário da alameda Barão de Piracicaba. Alcançaram um platô em 1928. Após os primeiros anos vivendo um romance escondido, a euforia de oficializar o matrimônio e a construção do lar, finalmente havia apenas a vida a ser vivida. Mas a rotina não foi um mal que lhes acometeu, longe disso.

No início de 1928, nossa pintora compõe o *Abaporu* e o dá de presente a Oswald, por ocasião de seu aniversário. Tarsilinha, sobrinha-neta da pintora, defende em seu livro *Abaporu: uma obra de amor* a tese de que a pintura era um autorretrato nu de Tarsila. Simbolicamente, ela estava se entregando a Oswald, em toda sua vulnerabilidade. Foi nesse momento que imaginaram juntos a antropofagia, oficialmente lançada em maio de 1928, como fruto do poder criativo que surgia da colaboração entre Tarsila e Oswald de Andrade.

Avaliando o momento, anos depois, Geraldo Ferraz escreve que a obra de Tarsila foi a única expressão artística legitimamente antropofágica. Ele tinha alguma propriedade para falar: foi amigo do casal, colaborou diretamente com a *Revista de Antropofagia* e cobriu muito das movimentações culturais do Brasil na época. A afirmação provocadora do jornalista revela o quanto aquela manifestação estava centrada em Tarsila e Oswald, mas também devemos notar que o movimento não se limitou a eles. Para os demais envolvidos, Geraldo inclusive, ele serviu como ponte para uma nova realidade que se impunha naquele fim de década. A partir da 2ª dentição da *Revista*, a temática social se tornara inevitável. O nome de Marx passou a ser uma menção constante, conforme os debates sobre a ordem social ganhavam destaque.

Assim como ocorrera com os surrealistas, a pregação antropofágica estava excedendo o campo literário, rumo à mobilização política de seus integrantes. Péret se engaja cada vez mais com a causa comunista; em breve o mesmo acontecerá com Oswald e, mais adiante, e em menor medida, com Tarsila. A motivação para transitar da arte para a política também alcança os verde-amarelos, com a diferença de que esses modernos vão preferir se alinhar aos ideais de outro totalitarismo nascente: o fascismo.

Creio que Tarsila não tenha se dado conta, pelo menos não tão rapidamente como Oswald, das mudanças vindouras. Talvez por ter enfrentado mais ataques do que ela, ele buscava avidamente um novo começo, e ia destruindo com críticas ácidas o caminho trilhado até então. Quase nada era digno de apreço e, por fim, nem mesmo Tarsila seria boa o suficiente. Estimava tanto a irreverência que, quando tinha tudo o que se podia desejar, resolveu minar as bases onde se assentava sua vida confortável: o casamento, velhos amigos, o sistema de governo... As turbulências que acometeriam a vida de Tarsila passaram a dar alguns sinais no meio de 1929, mas ainda não alarmavam. Ela ainda seguia seus afazeres, deixando-se envolver pelo próximo evento em seu calendário: sua exposição no Rio de Janeiro.

Rumo ao Rio – a entourage de Tarsila

Mais uma vez, vamos arrumar as malas. As joias alocadas em estojos, os chapéus embalados para não amassar, o perfume e a maquiagem e todo o *kit* de *toilette* também estavam separados. Havia telegramas chegando e coisas para resolver de última hora. Nossa pintora já conhecia o burburinho dos dias que antecedem a abertura de uma mostra individual, só não tinha como prever que o agito daqueles dias mais se assemelhava à movimentação dos pássaros antes de uma tempestade; o clima estava prestes a mudar e a exultação, em breve, daria espaço ao silêncio. Os eventos dos próximos meses varreram do mapa todos os vestígios da vida como se conhecia. Mas, naquele momento, lhe bastava saber que as malas estavam prontas.

Na manhã seguinte, um pequeno séquito embarcou junto de Tarsila rumo ao Rio de Janeiro. Estavam presentes: Oswald, Anita Malfatti, Waldemar Belisário e Patrícia Galvão (Pagu) – Benjamin e Elsie já estavam no Rio e os encontrariam no desembarque, na estação. O trem seguia cortando pela Mata Atlântica. Dos que estavam ali, o nome menos conhecido era o de Waldemar Belisário, aspirante a pintor, também agregado da família de Tarsila – afilhado dos pais da artista, Lydia e José Estanislau do Amaral (Dr. Juca). Tinha cerca de dez anos a menos do que Tarsila e, naquele tempo, servia de ajudante no ateliê dela, enquanto se empenhava para desenvolver a própria carreira (anos mais tarde ele alcançaria algum reconhecimento como artista). Anita, por sua vez, era amiga antiga e acabara de fazer uma exposição de suas obras em São Paulo. Quanto à adesão de Pagu, isso ocorreu depois. Mesmo sendo cerca de vinte anos mais jovem, a menina conquistou o grupo em torno do casal Amaral-Andrade com seu jeito irreverente e logo passou a contribuir com textos e desenhos para a *Revista de Antropofagia*.

Desenho de Pagú

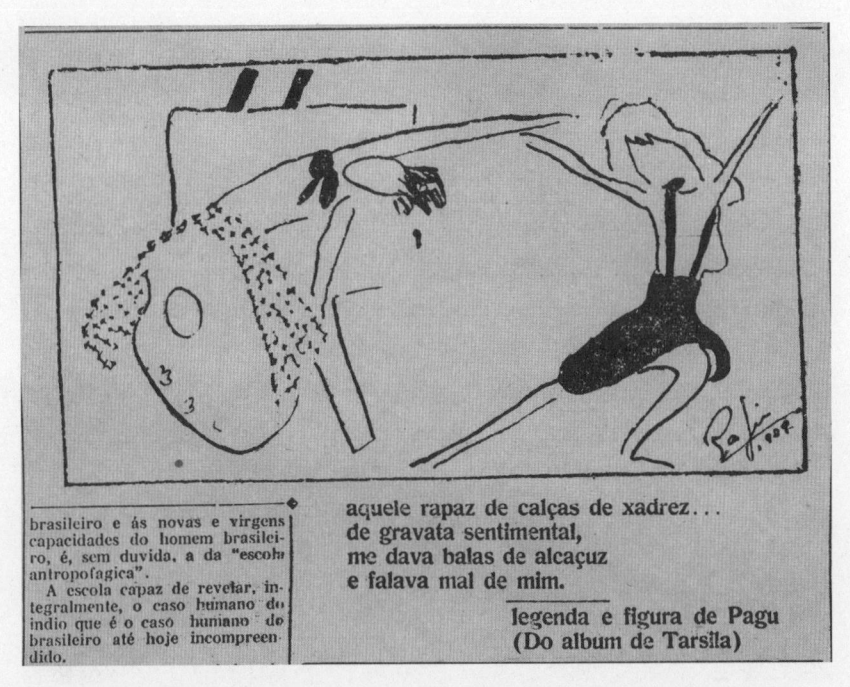

Desenhos de Pagu para a *Revista de Antropofagia*, publicada originalmente no *Diário de S. Paulo*, em 24 de março de 1929 e 19 de junho de 1929. *Revista de Antropofagia*. São Paulo: Editora Abril, p. 96 e 106, 1975.

Os jornais cariocas anunciam a chegada de Tarsila na manhã de 18 de julho. A seguir, na fotografia tirada na estação Pedro II, ela aparece cercada de amigos. Além de Elsie e Benjamin, que já conhecemos, também estava presente outro casal, que terá bastante influência sobre a pintora nos anos seguintes: Eugênia e Alvaro Moreyra. No canto à direita há também a figura de um rapaz, que já foi identificado como o crítico de arte francês Maximilien Gauthier (no livro de Maria Eugenia Boaventura sobre Oswald de Andrade), porém, devo dizer ao meu leitor que não encontrei nenhuma referência de que ele esteve no Brasil nessa época. Suspeitei da possibilidade de se tratar de Waldemar Belisário, já que viajava com o grupo, mas não posso confirmar.

Desembarque no Rio de Janeiro. Da esquerda para a direita: Pagu, Anita Malfatti, Benjamin Péret, Tarsila, Oswald, Elsie Houston-Péret, Alvaro e Eugênia Moreyra e (supostamente) Maximilien Gauthier. Foto da chegada de Tarsila ao Rio de Janeiro para sua primeira exposição individual no Brasil, em 1929.
Fonte: AMARAL (2010). Foto: Romulo Fialdini/Tempo Composto

Tarsila deixa a estação já cercada de amigos. Os cariocas Eugênia e Alvaro Moreyra estavam entusiasmados para tomar parte da antropofagia. Eram figuras influentes, atuando em jornais, rádios e à frente do Teatro de Brinquedo, um grupo cênico que unia em torno de si muitos intelectuais e artistas interessados pelas ideias de renovação estética e social. Naquele tempo, a casa dos Moreyra se tornava um ponto de encontro para esse perfil de pessoas; Tarsila mesmo ficará hospedada lá por diversas vezes nos anos seguintes. Mas, daquela vez, ela e o marido ficariam no Palace Hotel, mesmo local onde a exposição aconteceria.

Na imprensa carioca Tarsila recebe os louros dos admiradores. "A maior pintora do mundo" foram as palavras de Alvaro Moreyra, em um dos muitos artigos elogiosos à pintora[18]. No mesmo texto ficamos sabendo que Raul Bopp e Di Cavalcanti estavam presentes na abertura da exposição e conversavam acaloradamente com Oswald. Também no evento, Eugênia encantava com sua exuberância, os cabelos negros cortados em linha reta na altura da mandíbula, a franja curta, sobrancelha arqueada e brincos emolduravam o rosto geométrico. Ela contrastava sua extrema feminilidade com a fala firme. De tempos em tempos, uma voz sobressai às demais e o salão animado se cala para ouvir uma apresentação do canto de Elsie, ou Pagu e Oswald a recitar poemas. Risos, champanhe e possibilidades.

Uma pequena reviravolta tornou a noite ainda mais interessante. O som dessa vez era de copo quebrando e briga: Oswald saiu no soco com um sujeito que, pelo que diz a *Revista de Antropofagia*, era um defensor do pintor passadista Rodolfo Amoedo. O texto da *Revista* pinta Oswald como um herói que triunfa, derramando o sangue de seu adversário pelo salão, numa cena verdadeiramente teatral. Porém, outro relato do acontecido diz que Oswald provocou deliberadamente o incidente, sem ter havido afronta do camarada. Esse outro artigo é recheado de ironia quanto à capacidade do grupo em causar alguma mobilização social – "o episódio da sucessão presidencial é motivo mais brasileiro que os desenhos de D. Tarsila"[19].

Eventos irreverentes eram parte do que criava o magnetismo do grupo e lhes garantia espaço nos jornais e revistas do país. Mas um obstáculo começava a surgir: a arte moderna já não era mais uma grande novidade e, assim, a mostra individual de Tarsila não

---

18 A MANHÃ, "Exposição Tarsila: Pagu e os antropófagos", 25 jul. 1929.
19 ALEMQUER; apud AMARAL (2010), p.323.

teria por que gerar grande polêmica, e de fato não gerou. Diferentemente do que ocorreu na recepção negativa dada pela imprensa à Semana de Arte Moderna em 1922, em 1929 Tarsila recebeu mais elogios do que críticas. Mas é preciso dizer que existia uma grande dissonância entre as avaliações que apareciam nos jornais e aquela dada pelo público. Os elogios dos repórteres que cobriam cultura (muitos dos quais acabaram se especializando em crítica de arte e cada vez mais se convenciam do valor da arte moderna) não se reverteram em vendas. A arte de Tarsila ainda não vendia nem valia muito na visão do grande público.

Críticas a Tarsila

De qualquer forma, Tarsila era o assunto do momento. Se antes havia conseguido desviar dos ataques feitos à antropofagia, agora se tornava um alvo mais atraente para os que discordavam do rumo que o movimento tomava. Talvez o mais ácido dos comentários seja o que saiu um mês antes da exposição, em um artigo de Licurgo da Costa, no qual ele chama Tarsila de "milionária, estragadora de tintas e de telas". E, sobre todas as correntes que apareceram na esteira do modernismo (como pau-brasil, verde-amarelo e antropofagia), o autor diz serem fruto do "berreiro irritante" de "moços nascidos na intimidade do dinheiro" e que, apesar de insistirem ser "os nossos vanguardeiros artísticos", produziam pouco, "obras comprovantes desta afirmativa atrevida, ninguém viu!"[20].

Outra nota particularmente azeda foi publicada dois meses depois, quando Tarsila levou sua mostra para São Paulo. A *Folha da Manhã*, periódico paulistano, ridiculariza a obra da artista, dizendo

---

20 COSTA, Licurgo (1929).

que ela expôs suas telas para que a população da cidade cinzenta pudesse rir dela. "Tarsila do Amaral viu tudo isto e decidiu curar S. Paulo [da falta de alegria] abrindo a sua impagável exposição de bonecos e de gente feia, que ela intitula 'Mostra de arte'". O artigo segue comparando Tarsila com internos do Hospital Psiquiátrico do Juqueri: com ironia, diz que a vantagem que Tarsila leva em relação aos internos é que suas "garatujas coloridas" foram feitas de modo consciente. Inadvertidamente, esse artigo nos fornece um dado curioso: cita o nome de um médico, psiquiatra do Juqueri, que ia à exposição diariamente; esse mesmo rapaz, meses depois, se tornará o novo parceiro de Tarsila, após ela e Oswald se separarem. Era Osório César.

> os coitados fazem monstros, porque o cérebro deles se encontra desarranjado, ao passo que os monstrengos da pintora paulista são assim, porque ela os quer dessa forma, pensando que tal maneira porá a ridículo os inúmeros bobos que volteiam ao redor da sua mesa, das ceias e almoços que lhes pode pagar com mão dadivosa. (...) dando motivos de profundo gozo à cidade inteira, quer pelas risadas que nos provoca a todos, quer pelas festas glutônicas que reserva aos felizardos da sua roda inspirada nos mais perfeitos intuitos de Freud[21].

Existe ainda um outro artigo irônico sobre Tarsila comparando sua arte com aquela produzida pelos pacientes do Juqueri, esse também na *Folha da Manhã*, no qual o personagem comentador da sociedade brasileira, Juca Pato, diz que "não embarca nas canoas furadas do juquerismo artístico", falando do tipo de arte que Tarsila fazia. Ter a obra incompreendida já não era novidade, aliás, quase todo artista de correntes modernas passava pelo

---

21 FOLHA DA MANHÃ, "Exposição de pintura Tarsila do Amaral", 21 set. 1929.

mesmo – talvez essa incompreensão servisse como um atestado de que o artista acertava, uma vez que queria mesmo deixar seu espectador desconcertado. Portanto, ter o trabalho criticado por admiradores da velha estética não era algo ruim. Quanto à acusação de que o grupo vanguardista se resumia a uma pequena patota composta por membros da elite, essa não podia ser tão facilmente dispensada.

Pagu rouba a cena

Outra informação reveladora contida nas reportagens sobre a exposição de Tarsila no Rio era o protagonismo que Patrícia Galvão estava alcançando. Pelo menos dois dos artigos sobre a exposição optam por falar também de Pagu. Por exemplo, a reportagem da revista *Para Todos...*, um dos periódicos mais renomados da época, usa duas, das três colunas, para falar da jovem. A reportagem foi escrita por Clóvis de Gusmão, que, além de entrevistar Patrícia, escolheu como única ilustração um desenho feito por ela. O jornalista faz questão de mencionar seu encanto pela moça, e nisso ele não estava só. Data do mesmo período o famoso verso de Raul Bopp para Pagu (o qual também está referido no artigo) e, como se sabe, em breve Oswald também se deixaria enfeitiçar pelo canto dessa sereia.

PARA TODOS...   21

Na Exposição de Tarsila

Reportagem de
CLOVIS DE GUSMÃO

A arte onde as cousas vivem — O mundo de Tarsila e o seu primeiro habitante: Pagú — O primeiro congresso brasileiro de antropofagia.

A exposição de Tarsila do Amaral marca na historia da corrente de idéas, chamada descida antropofagica, o seu maior surto. Não porque tenha congregado a maioria dos seus adeptos do Rio e de São Paulo, mas porque a arte da grande pintora brasile'ra é um resumo vivo de mentalidade antropofagica.

Arte que sobe da terra, não possue por isso mesmo aquelle excesso de detalhismo que asphyxia a nossa escola de bellas artes.

E' desafogada. Simples. Ingenua. Limpa.

Nella as estrellas vivem. Qualquer sapo poderá brilhar por conta propria. E a totalidade cosm'ca não vae além do que os olhos abrangem.

Dahi a quasi nenhuma perspectiva dessa arte sem espaço. Mas onde o tempo e a massa emergem identificados do sólo. Fundidos. Presos ambos á mesma idéa espontanea de saúde e de meninice.

Porque a arte de Tarsila não é feita de cima para ba'xo. Para ella o céo é um vago accidente da sua topographia esthetica. Sempre claro. Numa clareza e indifferença que é talvez um bocado de noção meio distrahida que ella tem de Deus.

A terra pelo contrario: é a vida. Em cada uma das suas arvores a gente sente uma garganta bebendo seiva.

Os seus homens e os seus bichos não são construidos. Nem pertencem ao mundo onde tudo nasce.

São apanhados, naturalmente, dentro do salto biologico. Em plena evolução, é umbigados ainda no sólo. Guardando, por isso mesmo, a espontaneidade que só as cousas verdadeiramente jovens pódem ter.

Nenhuma concepção batida. Nenhuma fórma que nos faça lembrar outra fórma. Tudo novo. Brasil ainda sem gosto daquelle sol creador de todas as cousas.

Jorge de Lima escreveu: "Tars'la é a maior pintora do mundo. Ella não me recorda ninguem. Lembra-me directamente o nosso ambiente povoado de cousas ingenuas e simples. Outros pódem ser grandes. Chirico é enorme. Tarsila é a maior, porque é a mais nova."

Mas não é sómente a mais nova. N'nguem como Tarsila consegue deixar na gente uma idéa tão funda da terra e da raça que velu. Ella é mesmo a reveladora de um mundo que nem todos conhecem porque não esta na cultura livresca, e sim aqui mesmo. Na vida.

Mundo sem maldade. Sem preconceitos. Sem recalmamentos. Onde os homens são realmente humanos. E vivem a vida natural dos homens. Onde tudo "existe" sem a preoccupação obsedante da morte.

Oswald de Andrade, Raul Bopp e Oswaldo Costa foram os primeiros a chegar no mundo de Tarsila. Mas já encontraram um hab'tante: Pagú. Pagú encantou a todos pela graça, pela intelligencia e pela ingenuidade. Bopp fez um poema para ella. E o Brasil inteiro ficou conhecendo Pagú:

T a r s i l a
p o r
P a g ú

Pagú tem uns olhos molles,
olhos de não sei o quê,
se a gente tá perto delles
a alma começa a doêr.

é — Pagú — ê!
dóe — porque é bom de fazer doêr.

Pagú! Pagú!
Eu não sei que você tem
que a gente queira ou não queira
fica te querendo bem.

Pagú ve'u ao Rio com Tarsila. Alvaro Moreyra escreveu uma cousa deliciosa sobre 'ella. Murillo mandou tambem. Olegario Marianno disse uma porção de phrases romanticas. Mas a gente quando vê Pagú repete p'ra dentro aquillo que o Bopp escreveu:
dóe — porque é bom fazer doêr!

— Que é que você pensa, Pagú, da antropofagia?

— Eu não penso: eu gosto.

— Tem algum livro a publicar?

— Tenho: a não publicar: — Os "60 poemas censurados" que eu dediquei ao Dr. Feno!'no Amado, director da censura cinematographica. E o Album de Pagú — vida, paixão e morte — em mãos de Tarsila, que é quem toma conta delle. As illustrações dos poemas são tambem feitas por mim.

— Quaes as suas admirações?

— Tarsila, Padre Cicero, Lampeão e Oswald. Com Tarsila fico romantico.

Dou por ella a ultima gotta do meu sangue. Como artista só admiro a superioridade della.

— Diga alguns poemas, Pagú.

(Informações: — Pagú é a creatura mais bonita do mundo — depois de Tarsila, diz ella. Olhos verdes. Cabellos castanhos. 18 annos. E uma voz que só mesmo a gente ouvindo).

Ella se chega bem para o meu lado. Sorri com um sorriso ma's doce do que os labios de todas as Iracemas. E fala devagarinho. Bem junto de mim:

no meu quintal tem uma laranjeira
aquella mesma
onde brincamos na noite de Natal.

no meu quintal tem um pecegueiro
com flores côr de rosa
onde chupei-te a bocca
pensando que era fruta.

no gallinheiro tem oito gallinhas,
um pato, um ganso e um pinto.

no gallinheiro fiz um arranha-céo
com latas de gazolina.
E fiz com páos de vassoura
estacas para os cravos.

meu quintal é uma cidade!...

De frangos, postes, luz e arranha-céo.
E para symbolizar o seu progresso,
desafiando triumphal,
tem a bandeira de uma calça rendada
no varal.

Agora já não sou sómente eu a applaud'r. Alvaro Moreyra, Annibal Machado, Oswald, Eugenia Alvaro Moreyra. E Tarsila.

Conversando, Oswald lembra a necessidade de um congresso de antropofagia. Concordamos. Será em Setembro, em São Paulo.

Matéria sobre a primeira exposição de Tarsila no Brasil. GUSMÃO (03 ago. 1929).

Pagu e os Amaral-Andrade

Raul Bopp foi o primeiro ponto de contato de Patrícia com o grupo de amigos em torno do casal. Foi ele quem a apresentou a Oswald, em maio de 1929. O ambiente no salão de Tarsila e Oswald era repleto de pessoas influentes e, sem dúvida, a jovem percebeu a grande oportunidade que se abria diante dela – não no sentido meramente oportunista, mas de um interesse genuíno. Havia viagens, acesso à imprensa, exposições, debates literários e políticos; tudo isso combinava com o estilo de vida ao qual aspirava. Como novata, Pagu tem uma excelente *performance*, mostrando interesse e desenvoltura nos assuntos tratados, fica evidente que tinha como contribuir. E não se pode deixar de mencionar que, além de comentários astutos, ela tinha uma beleza cativante e personalidade ousada, uma combinação que mexeu com muitos em seu entorno.

Oswald foi se deixando envolver, não escondia seu fascínio; nos últimos meses estendeu convites para incluí-la em todos os âmbitos de sua vida, como nas colaborações para a *Revista*, nos encontros de amigos e viagens. E é preciso dizer que Tarsila também cultivava a amizade; vejamos, por exemplo, que ela teve o cuidado de arquivar desenhos de Patrícia em seu álbum particular (sabemos disso por causa da legenda de uma das ilustrações de Pagu para a *Revista*, reproduzida aqui). Porém, com a intensificação da presença da jovem no dia a dia do casal, é de se supor que Oswald, tão afeito a flertadas, deva ter deixado transparecer o tipo de interesse que nutria.

Mas antes de tudo, Pagu foi amiga. O perfil agregador de nossa artista se juntou à disposição da garota, que logo se tornou figura cativa do grupo íntimo do casal. Frequentava a casa deles com liberdade. Dizia-se grande admiradora de Tarsila e essa relação ficou registrada em um trecho da entrevista concedida a Clóvis Gusmão (CG) na *Para Todos...*:

CG – Tem algum livro a publicar?

PG – Tenho: a não publicar: – Os "60 poemas censurados" que eu dediquei ao Dr. Fenolino Amado, diretor da censura cinematográfica. E o Álbum de Pagu – vida e morte – em mãos de Tarsila, que é quem toma conta dele. As ilustrações dos poemas são também feitas por mim.

CG – Quais as suas admirações?

PG – Tarsila, Padre Cícero, Lampião e Oswald. Com Tarsila fico romântico.

A entrevista segue com o seguinte comentário: – "Pagu é a criatura mais bonita do mundo – depois de Tarsila, diz ela".

Parte 2

O Congresso Antropofágico e o fechamento da revista

No segundo dia de Rio de Janeiro, os antropófagos anunciam seu primeiro movimento no jogo político nacional. Haviam criado o Congresso de Antropofagia, organização que levaria para o Senado e a Câmara discussões sobre abolição da propriedade privada improdutiva, nacionalização da imprensa, permissão do divórcio, da eutanásia e acesso a métodos contraceptivos, entre outros. O primeiro encontro do congresso ocorreria em setembro, ali mesmo, no Rio (então capital federal), e era endossado por Tarsila, Oswald e outros doze aliados, dentre os quais estavam Pagu, Belisário, Anita, Alvaro Moreyra e Clóvis Gusmão. Os nomes de Tarsila e Oswald estão em destaque logo no início do texto, dando a entender que eles encabeçaram o projeto em nome do "clube de antropófagos" de São Paulo.

A matéria anunciando o congresso saiu na *Revista de Antropofagia*, mas o gesto não agradou a todos. Lembremos que a *Revista*, em sua 2ª dentição, estava inserida dentro do jornal *Diário de S. Paulo*, um dos principais periódicos da época, com grande alcance de público. O passo em direção à política foi dado e o efeito dessa escolha veio rapidamente: em menos de duas semanas, a revista foi suspensa. Por intermédio do relato de Geraldo Ferraz, temos conhecimento de como o fechamento ocorreu. Em suas memórias, ele conta que o gerente do jornal, Orlando Ribeiro de Dantas, o chamou em seu escritório e, com a voz trêmula de raiva, desabafou: "O motivo [do fechamento] é que o *Diário de S. Paulo* não publicará mais as indecências que seus amigos estão acostumados a despejar nas colunas do jornal". Geraldo não retrucou; sabia que o conteúdo era controverso e de nada adiantaria argumentar.

Com o fim da revista e a subsequente separação de Tarsila e Oswald, o projeto do Congresso de Antropofagia não saiu do papel. Apenas restou o anúncio dessa proposta que foi, no mínimo, ousada e, possivelmente, suicida. O texto informava que os entusiastas da antropofagia iriam inaugurar suas atividades como "organização político-social" e que, uma vez realizado o congresso, as propostas definidas seriam levadas para debate ao Poder Legislativo, a fim de alcançar mudanças nas leis brasileiras.

Anúncio da exposição de Tarsila no Rio e do Congresso Brasileiro de Antropofagia, publicado originalmente no *Diário de S. Paulo*, em 19 de julho de 1929. *Revista de Antropofagia*. São Paulo: Editora Abril, p. 110, 1975.

Dos catorze nomes que aparecem na matéria, doze eram de escritores e artistas, um era psiquiatra, e outro, consultor jurídico. Todos pessoas que já produziam sob os novos paradigmas das vanguardas artísticas e que agora estavam trabalhando para incorporar valores que julgavam "mais modernos" também à vida prática. "Mais modernos" veio entre aspas para destacar que havia uma diferença enorme entre o que os antropófagos e outros grupos (também originados no modernismo) pensavam. Cada qual tinha uma ideia sobre qual seria o melhor caminho para superar o passado e levar as sociedades a uma situação melhor. Verde-amarelos, como vimos, rumaram ao encontro dos ideais fascistas, acreditando que esse modelo apresentava as soluções "mais modernas", enquanto a maior parte dos antropófagos aderiu às proposições do modelo comunista[22].

Apesar das diferenças entre as propostas, havia algo que os unia: a capacidade de ver as limitações do modelo antigo e de buscar uma nova forma de organização social – um impulso que acometeu profundamente essa geração. Não serei a primeira nem a última a escrever sobre como os acontecimentos do início do século XX ajudam a explicar a mentalidade implícita nessas correntes de pensamento. Por isso não vou me alongar em explicar como esse sentimento foi alimentado por crises sociais, políticas e econômicas, unidas a grandes avanços tecnológicos na indústria, comunicação e transportes. Mudar era imperativo. Pensar sobre qual o melhor caminho para seguir não foi, de forma alguma, uma atividade exclusiva de nosso grupo de intelectuais: muitos outros já vinham clamando por transformações de uma forma ou de outra. Uma frase em um artigo sobre Tarsila chama a atenção pela simplicidade com que resume a mentalidade dessa geração moderna/modernista: "Mais vale o horrível do que o velho.

---

22 Ainda hoje não há consenso sobre quais medidas defendidas em nome da modernidade podem ser avaliadas como avanço ou retrocesso.

Mais vale deformar do que repetir. Antes destruir do que copiar. Venham os monstros, se são jovens. O mal é o que vamos deixando para trás. A beleza é o mistério que nasce..."[23].

Mas voltemos à proposta do congresso. Do alto da empreitada grandiosa a que se propuseram, o tombo foi grande. Em poucos dias o clube dos antropófagos vai se calar, e a 2ª dentição morre junto com o projeto de atuação política organizada em torno da antropofagia. Para a *Revista*, ainda houve uma sobrevida, levada pelas mãos de Clóvis Gusmão até dezembro de 1929, no molde que mais tarde foi chamado de 3ª dentição – resumia-se a algumas páginas publicadas dentro da revista carioca *O Q A*[24].

Incongruências e realinhamentos

Embora não fossem mais tão jovens em 1929 (ela com 43 anos e ele prestes a completar 40), Tarsila e Oswald se mantinham na vanguarda dos acontecimentos. Dessa vez chocaram o público as proposições do Congresso de Antropofagia. Como vimos, a ruptura estética trazida pela arte moderna já não era o que causava rebuliço. Na época da primeira individual de Tarsila no Brasil, sua arte recebeu muito mais elogios do que críticas dos formadores de opinião da imprensa nacional e, com relação ao gosto do público, pode-se dizer que o estilo passava a ser mais tolerado, embora ainda fosse bem maior o prestígio dado à arte tradicional acadêmica. Enquanto o espectador dava os primeiros passos em direção a aceitar a estética moderna, os vanguardistas já rumavam para uma nova proposta: a inovação do momento estava, como vimos, nos encaminhamentos políticos.

---

[23] Citação do escritor espanhol Rafael Barrett, em sua tentativa de definir o espírito moderno. SILVEIRA (03 mar. 1929).

[24] Há pouca divulgação e estudo em torno desta última fase, pelo menos até o momento desta pesquisa (2024).

Mas uma irremediável incongruência estava posta entre a vociferação antropofágica e o estilo de vida de Tarsila e Oswald. Ambos vindos de famílias ricas e poderosas, acostumados a serem servidos por um arsenal de funcionários, a viagens internacionais, roupas elegantes, mesas fartas..., justo eles estavam, naquele momento, começando a defender ideias vindas da ideologia comunista. O clamor contra os modelos das sociedades ocidentais eurocêntricas se chocava com a realidade que viviam. E, além do âmbito político-econômico, havia a vida privada. Como incorporar seus ideais progressistas aos hábitos pessoais? Como fariam para agir de forma condizente com os valores que defendiam?

Vejamos um pouco sobre esse desarranjo na vida do casal e as tentativas de remediá-lo: apesar de ter apoiado publicamente o fim da propriedade privada improdutiva, como ocorre no anúncio do congresso, Oswald permaneceu filiado ao PRP durante 1929 – era o partido das oligarquias tradicionais, que tinha Júlio Prestes como presidente eleito. No início de 1930 ele se afasta do PRP e pouco depois ingressa no Partido Comunista Brasileiro (PCB) – em momentos diferentes, o partido também recebeu a filiação de Pagu, dos Moreyra, dos Péret e outros. Já Tarsila se manteve fiel a Júlio Prestes até o fim da República Velha, em outubro de 1930, mas se aproximou do PCB a partir de 1931.

Quanto aos outros temas que defendiam, sabemos que, embora dissesse ser contra o matrimônio, Oswald acabou se casando várias vezes; Tarsila manteve outros relacionamentos de longa duração, mas não voltou a subir no altar depois da separação de Oswald. Colocavam-se contra o capitalismo, mas, enquanto puderam, viveram da renda das famílias latifundiárias. Havia também, por parte de Oswald, a oposição à monogamia, e talvez possamos dizer que essa tenha sido a ideia que ele colocou em prática com maior dedicação – embora o desrespeito à monogamia não fosse exatamente um ato revolucionário, muito pelo contrário, era prática tradicionalíssima entre os homens da época.

A inconsistência entre atos e palavras não era exclusividade de alguns poucos. Em períodos de grandes mudanças estruturais, é de se supor que as pessoas busquem ideologias nascentes na tentativa de se posicionar diante do cenário de crise local e mundial. Ideias eram experimentadas de forma incipiente, e apenas com o amadurecimento da passagem do tempo é que se podia formar uma visão mais clara de suas implicações. Tarsila e Oswald fizeram parte dessa geração de entusiastas que, maravilhados com as inovações, pensavam um novo mundo melhor, e foram descobrindo as consequências de suas escolhas conforme os eventos se desenrolavam. Conforme o embate ideológico se acirrava no Brasil e no resto do mundo, a convivência entre os que pensavam de forma diferente (que já não era muito amigável) iria ficar mais difícil. E o assunto debatido deixou de ser a estética literária, ou das artes plásticas, e passou a ser a prática administrativa dos governos.

No Brasil, as bases em que se assentava a República Velha começaram a ruir. Um cenário similar podia ser visto em tantos outros países. A União Soviética já havia definido seu novo rumo desde 1914, e propagava seu modelo como uma forma exitosa de organização social. Na Europa Ocidental, Salazar e Mussolini instauraram novos modelos em Portugal e Itália, e alardeavam as vantagens de suas concepções; enquanto na Alemanha as mudanças propostas por Hitler ganhavam cada vez mais adeptos.

Individual em São Paulo

Um anacronismo interessante permeia as duas individuais de Tarsila em 1929: o contraste entre suas obras e o local em que elas foram expostas. No Rio, o Palace Hotel foi construído seguindo os moldes da arquitetura francesa clássica, e ficou famoso pelo seu chá da tarde, servido em grande estilo para a alta sociedade carioca. Concentrava em si a veneração que existia no Brasil pelos costumes europeus. Mas naquele mês de julho recebeu a exposição de Tarsila, junto da agremiação de artistas e intelectuais que ela atraía, quase todos críticos às tradições importadas da Europa.

Artistas vindos do modernismo almejavam criar uma estética nova, livre dos parâmetros acadêmicos tradicionais. Falando especificamente das propostas da arquitetura moderna, um dos grandes nomes do período foi Le Corbusier, arquiteto franco-suíço que veio ao Brasil e conviveu com Tarsila e o grupo em torno dela. Ele tinha aversão a ornamentos, rococós e outros acessórios estéticos que, a seu ver, nada contribuíam para a funcionalidade dos edifícios. Para ele, um edifício como o Palace Hotel era algo horroroso. Talvez essa pregação no âmbito cultural explique por que, alguns anos depois, não houve muito alarde quando o prédio foi demolido para dar lugar a um empreendimento tido como mais moderno e útil. O luxuoso hotel teve vida curta: inaugurado no fim da década de 1910, foi demolido em 1952. Era mais um empreendimento da família Guinle – mesmo clã a que pertencia o mecenas Arnaldo Guinle, patrono de Villa-Lobos de que falamos antes[25].

O Palace Hotel, também conhecido como Hotel Guinle, onde ocorreram exposições de Tarsila em 1929 e 1933. Fonte: Foto do Acervo IMS.

25 Um dos textos que anuncia a substituição do Palace destaca as facilidades que a arquitetura "arrojada e harmoniosa" do novo edifício terá, e conclui que a arquitetura brasileira estará mais bem representada por ele do que pelo antigo hotel, tido como obsoleto e inútil. A notícia também menciona, sem fazer nenhuma ressalva de pesar, sobre a demolição do teatro Fênix (mais um empreendimento dos Guinle), que era vizinho do Palace. DIÁRIO CARIOCA (06 abr. 1951).

E foi justamente um sócio dos Guinle que cedeu o espaço para a exposição de Tarsila em São Paulo. Samuel Ribeiro ofereceu seu recém-inaugurado edifício Glória (também em estilo clássico francês) para Tarsila realizar sua mostra, que ocorreu entre 17 e 27 de setembro de 1929[26].

Boa parte dos jornais recomendou a visita à exposição de Tarsila, mas o público da capital paulista demonstrou mais dificuldade em avaliar a qualidade estética das obras. O próprio Júlio Prestes foi um dos que se mostraram um tanto perplexos, perguntando a Menotti Del Picchia "o que era 'aquilo'", referindo-se à tela *A negra*. Ao ficar sabendo desse retorno do público, Tarsila decide trazer parte de sua coleção particular de obras modernas para figurar ao lado das telas de sua autoria, num esforço didático para tornar visível ao público o contexto em que sua arte estava inserida. Dona Olívia Guedes Penteado também colaborou levando obras de seu acervo. Esse adendo fez com que a exposição se estendesse por mais três dias: o evento estava programado para encerrar no dia 24, mas após as obras das coleções de Tarsila e Dona Olívia serem trazidas, a mostra ficou aberta até o dia 27. Lá estavam produções de Picasso, Léger, De Chirico, Delaunay, Marie Laurencin, Lhote, Brancusi, entre outros[27].

Cerca de dois meses separavam as duas exposições de Tarsila, mas diferenças importantes se faziam notar: a *Revista de Antropofagia* já não figurava nos jornais paulistas, e havia menos furor dos entusiastas que vimos cercar Tarsila na abertura no Rio de Janeiro. Não houve o mesmo ambiente de sarau, com apresentação de amigos, nem mesmo encontramos registros fotográficos ou entrevistas concedidas. No entanto, é necessário citar que os

---

26 CORREIO PAULISTANO, n.23569 (15 set. 1929).
27 O ESTADO DE S. PAULO, n. 18352 (27 set. 1929).

jornais paulistas trouxeram muitos elogios à pintora e sua arte, em especial o *Correio Paulistano* e o *Diário Nacional*. A exceção será, mais uma vez, a *Folha da Manhã*.

O casamento encenado

Nesse fervilhar de acontecimentos conjunturais, outro evento estava se desenrolando na intimidade do lar de Tarsila. Era o envolvimento de Oswald com a jovem Patrícia Galvão. Trazer detalhes sobre a traição se mostra importante por dois motivos: pelo impacto do evento na vida de Tarsila e pela tentativa de esclarecer o que se passou de fato (o tanto quanto for possível fazê-lo) naquele segundo semestre de 1929. Há certo conflito de informações sobre os eventos desse período e, para formular um panorama mais sólido da cronologia, precisaremos entender alguns pormenores do caso.

Pagu não é Capitu. Na história de Oswald e Patrícia Galvão não restam dúvidas de que houve traição, mas há muito o que ser dito quanto ao grau de ardilosidade. O enredo que prevaleceu nos anais da história se assemelha ao de tantos outros amores proibidos: a jovem e bela Pagu, aprisionada pelos pais tirânicos, era proibida de voar livremente pelo mundo. Ela era uma promessa de talento, além de linda, perspicaz; mas estava impedida de florescer – legalmente não estava emancipada, os pais tinham o direito de controlar sua vida, e exerciam tal regalia com rigidez. Oswald levou a fama de canalha, aquele que não resistiu, enquanto a única culpa dela teria sido a de ceder à paixão que sentia. Mas, como veremos, o que se passou entre os dois foi uma história mais elaborada do que o simples "ceder a um impulso passional".

Oswald e Patrícia já estavam se envolvendo por volta da época da exposição no Rio, pois logo que regressam ela descobre que está grávida. Preocupada com a reação da família e dos amigos, decidiu que precisava fazer algo. A primeira coisa era dar um jeito de sair da casa de seus pais antes que eles descobrissem. Mas havia o problema da emancipação. Daí vem a ideia mirabolante: encontrariam algum rapaz que topasse se casar com ela só de fachada e, assim, resolveria os dois problemas: estaria legalmente livre para deixar a casa da família e evitaria o escândalo sobre a gravidez. Tarsila acabou sendo envolvida no plano, acreditando que estava protegendo Pagu contra os maus-tratos do pai – nada sabia sobre a gravidez da jovem.

Waldemar Belisário foi escolhido como noivo. Após realizada a cerimônia, o enlace seria anulado, só que, para garantir que a anulação sairia, precisariam usar as conexões políticas de Tarsiwald. E cabe perguntar, por que Waldemar concordou com a farsa? Como compensação ofereceram-lhe a concretização de seu sonho: estudar na Europa – feito também alcançado pelas ligações políticas de Tarsila e Oswald, que manipularam o resultado de um concurso do governo para bolsas de estudo, levando o rapaz a ser escolhido como o artista de destaque daquele ano. Vale dizer que a ideia de se casar com Pagu também agradava Belisário, mesmo que fosse protocolar, pois ele nutria uma paixão platônica pela jovem (assim como tantos outros que acompanhavam a caravana antropofágica na época). E havia ainda mais um motivo impelindo-o: ele se sentia em débito com Tarsila e Oswald, que o ajudavam em sua subsistência. Waldemar vivia de favor nos fundos do ateliê de Tarsila e era responsável por manter o lugar em ordem, realizando tarefas como a manutenção dos pincéis e materiais de uso da artista.

Para pôr a ideia em prática, acionaram um contato do mais alto escalão: Júlio Prestes, então presidente eleito do Brasil. Foi ele quem garantiu a anulação do casamento e a vitória de Belisário no concurso que dava a bolsa de estudos no exterior. Em sua autobiografia, Pagu conta que liderou a execução do plano, tendo ido pessoalmente falar com Prestes a respeito. Conseguiu o que queria. O casamento se deu em 28 de setembro (um dia depois de terminada a exposição de Tarsila em São

Paulo). Após a celebração, os recém-casados se encaminharam para Santos, de onde Pagu seguiria de navio para a Bahia.

Nonê, filho de Oswald, revela que ele e o pai interceptaram Waldemar e Pagu no meio da estrada, onde o amante e o noivo trocaram de lugar. Oswald foi quem passou a noite de núpcias com Pagu em Santos. Circula a hipótese de que ele seguiu junto dela para a Bahia já naquele momento, mas isso ocorreu depois. Após uma breve passagem pela Baixada Santista, ele logo volta a seus afazeres usuais ao lado de Tarsila que, ao que tudo indica, ainda não suspeitava do tamanho da traição que se desenrolava debaixo de seu nariz. Antes de deixar Pagu, Oswald lhe entrega como lembrança um caderno com a seguinte dedicatória:

Desque
amor é
crime
Para Pagu
minha esposa de crimes
escrever
os crimes de amor
cinco dramas[28]

É difícil dizer se Tarsila realmente não suspeitava da traição. Será que ela aceitava os casos extraconjugais do marido? Creio que não, e explico: em um breve encontro com Tarsilinha (sobrinha-neta de Tarsila), tive a oportunidade de ouvir que a família não vê como possível a hipótese de que Tarsila tolerasse as traições de Oswald – aliás, parece que o temperamento dela era bastante firme nesse sentido. Era um traço de sua personalidade que fez com que alguns membros da família Amaral tenham achado a pintora intransigente quando ela se recusou a manter o casamento após ser traída – coisa

---

28 ANDRADE (1929); apud BOAVENTURA (1995).

que aconteceu tanto no primeiro casamento quanto no segundo, com Oswald. Uma mulher terminar um casamento por causa de uma traição ia contra os costumes da época. Naquele tempo, a maior parte das mulheres acabava convivendo com os *affairs* dos maridos e era incomum que casamentos terminassem por isso.

O fim de Tarsiwald

Embora não seja possível precisar o momento exato em que Tarsila descobriu a traição, alguns eventos dão pistas sobre a situação do casal em seus últimos meses de união. Sabemos que eles organizaram recepções para três figuras ilustres em outubro e novembro de 1929 (conde Keyserling, Josephine Baker e Le Corbusier), o que indica que ainda havia um bom convívio até novembro. É certo também que em janeiro já não estavam mais juntos, pois Oswald e Patrícia Galvão tornaram pública sua união naquele mês. Se até novembro de 1929 houve certa normalidade, mas em janeiro de 1930 não estavam mais juntos, podemos imaginar que dezembro deve ter sido um mês difícil.

    O fim do relacionamento se deu após o marido ir atrás da amante na Bahia. No retorno, Tarsila descobre a traição e a gravidez de Patrícia. A biógrafa de Oswald, Maria Eugenia Boaventura, registra essa viagem e oferece detalhes, contando que ele foi "efusivamente recebido pelo futuro educador Anísio Teixeira, que havia mostrado as belezas da Bahia à Pagu". Oswald volta sozinho e pouco tempo depois o casamento com Tarsila acaba[29]. Em suas

---

29 Uma das confusões mais frequentes sobre essa sequência de fatos é assumir que Oswald teria ido para a Bahia junto de Pagu, logo após o casamento dela com Belisário, mas as diversas evidências indicam que isso não confere. As recepções a conde Keyserling, Josephine Baker e Le Corbusier sugerem que Tarsila e Oswald permaneceram juntos e ainda com certo grau de estabilidade nesse período. Sobre Keyserling, Maria

memórias, Pagu não conta da ida de Oswald para a Bahia. Em sua versão dos fatos, ele entrou em contato por carta, após ter se separado de Tarsila, dizendo haver algo errado com o processo de anulação do casamento dela com Waldemar e que, por isso, ela deveria regressar. Ela também diz que não suspeitava existir interesse de Oswald em seu retorno e só quando chega nota que aquilo era parte de um plano do escritor para tê-la ao seu lado. O desquite de Tarsila e Oswald foi julgado em 25 de março de 1930[30], no mês seguinte Oswald e Patrícia se casaram na igreja.

A parcialidade e a personalidade de Pagu

Farei um último comentário sobre Patrícia Galvão, motivada pelo impacto que suas memórias causaram em mim e por acreditar que sua visão de mundo seja emblemática do perfil da geração que surgia após os primeiros modernos. Em seu livro--confissão, *Paixão Pagu*, ela se mostra uma pessoa angustiada. Apesar de ter sido extremamente idealista, por fim avalia a própria vida como uma tragédia. A relação com Oswald é descrita em termos frios; diz não ter havido amor, nem por parte dele, nem por parte dela. Embora tenha tentado se dedicar a nutrir a relação em alguns momentos, diz que o esforço foi em vão. Um dos principais problemas, ela avalia, era sua passividade diante dos casos amorosos de Oswald. Mas por que ela ficou passiva? Acontece que, quando se uniram como casal, eles resolveram pôr em prática os tais ideais progressistas que defendiam na teoria,

---

Eugenia Boaventura encontrou telegramas de Oswald tratando dos preparativos, datados do início de outubro, comprovando que ele estava em São Paulo nos dias seguintes ao casamento de Pagu.

30 Artigo em que há anotação sobre o processo jurídico de Tarsila e Oswald, com citação sobre a data do julgamento do desquite do casal. FOLHA DA MANHÃ (22 out. 1931).

segundo os quais as relações fora do casamento deveriam ser aceitas como algo natural. Oswald tinha casos com outras mulheres e falava disso abertamente com Pagu, tratando até dos pormenores de suas conquistas. Ela fingia não se importar, mas revela que se sentia enojada do parceiro.

Toda sua trajetória parece ter sido marcada por um constante exercício de racionalização de sua conduta. Partia do que ela entendia ser um ideal para, então, moldar o comportamento. Ela mesma revela que essa artificialidade dos gestos foi responsável por grande parte do seu sofrimento: tinha que ser conivente com a poligamia, afinal a ideologia à qual aderira dizia que o casamento convencional era retrógrado (engolia a seco a repulsa que sentia); não deveria se dedicar ao filho com naturalidade, pois julgava pernicioso o amor de mãe e queria criar o filho livre dessa amarra (e assim ficava dividida, lutando contra os impulsos maternos – sua racionalização era tamanha, que temia até mesmo beijar o filho recém-nascido, para não contaminá-lo com seu afeto. Só o beijava depois que ele dormia).

A escolha de palavras revela também o desdém com que ela avalia aquele momento de sua vida: faz questão de descrever como "uma piada" o casamento na igreja com Oswald. Para falar do aborto involuntário que sofreu, a crueza de sua expressão soa como um desabafo catártico: "Um dia, eu matei a criancinha". Já sobre Rudá (o filho que viveu), ela conta: "Eu queria amá-lo. Amá-lo até a renúncia do contato materno. Mas não soube amá-lo suficientemente. (...) A minha ternura necessitava esmagá-lo no meu seio. Mas ele não devia conhecer essa ternura criminosa. Nem ele, nem ninguém". Diz que se impunha uma tortura "para alimentar um esnobismo grosseiro" e, ao mesmo tempo, assume ter havido certo alívio no momento em que partiu e deixou o bebê sob os cuidados de Oswald: "E o que não disse, nem ousava sentir era que toda a minha pessoa me absorvia muito mais".

Não fala absolutamente nada sobre a amizade com Tarsila. Para tratar da traição, escolhe descrever os primeiros encontros amorosos com Oswald como algo sem consequências. A primeira vez que estiveram juntos ela diz ter sido "um dia imbecil, muito sem importância, sem o menor prazer ou emoção", e em nenhum momento reflete sobre o impacto na vida de Tarsila. O nome da pintora só vai aparecer uma vez, quando Patrícia escreve sobre o plano do casamento com Belisário: "O meu casamento com Waldemar foi a forma planejada para que eu, de menor idade, pudesse sair de casa sem complicações. Conversando com Oswald e Tarsila, falei-lhes sobre essa necessidade e eles prometeram auxiliar-me". Ela não lembra seu leitor de que estava grávida, reforçando somente o problema da relação difícil com os pais. Porém, lendo o livro de Ana Luisa Martins (prima de segundo grau de Tarsila e filha de Luís Martins, companheiro de Tarsila entre 1934 e 1952), descobrimos a versão que circulava entre os parentes da pintora: de que o desespero de Pagu para deixar a casa dos pais se devia justamente ao fato de ela estar grávida de Oswald. Já na versão propagada por Pagu sobre esse tema, ela preserva sua aura ousada e virtuosa, evitando que motivos menos nobres se fixem à sua imagem, como: a traição para com Tarsila e o medo de revelar a gravidez a seus pais.

Confissões duras compõem sua autobiografia, indicando haver honestidade nos relatos de Patrícia, mas é curioso que justamente com relação a Tarsila existam mais omissões e parcialidades do que revelações – ela talvez reprimisse os pensamentos sobre as consequências de seus atos, mas isso nunca saberemos; só nos cabe conjecturar sobre o que essa omissão pode revelar. Em todo caso, as palavras que deixou nos aproximam de sua personalidade e nos dão subsídios para imaginar o impacto de sua presença na vida de Tarsila. A seguir, olharemos para os meses finais do relacionamento entre Tarsila e Oswald, sem perder de vista a presença que Pagu exerceu nesse período.

Antes do fim - Keyserling, Le Corbusier e Josephine Baker

"Da Revolução Francesa ao Romantismo, à Revolução Bolchevista, à Revolução surrealista e ao bárbaro tecnizado de Keyserling. Caminhamos"
(Manifesto Antropofágico, 1928)

A antropofagia tietava conde Keyserling, filósofo alemão aclamado na época. Ao saber de sua vinda ao Brasil, Oswald e Tarsila se prontificaram a organizar uma recepção. Nem mesmo o momento conturbado, com o fim da exposição individual e o casamento encenado de Pagu e Belisário, atrapalhou o evento (a celebração ocorre dias após Oswald ter passado a fatídica noite de núpcias com Patrícia). Um dos convidados foi o artista e arquiteto Flávio de Carvalho, que deixou registradas suas impressões daquele dia: Tarsila recebendo os convidados deitada em uma rede, a fartura de champanhe francês, e o frenesi do grupo que levou o encontro até as seis da manhã. Depois, incansáveis, seguiram em cortejo pelas ruas do centro, rumo a um famoso café da praça Júlio de Mesquita.

No depoimento concedido a Aracy Amaral, puxando pela memória, anos depois, Flávio disse que o fato aconteceu em março, mas descobrimos que essa data está errada. O *Correio Paulistano* anunciou o primeiro desembarque de Keyserling em São Paulo no dia 29 de setembro, e no dia 1º de outubro o mesmo jornal publicou entrevista com o filósofo, na qual ele contou que já estava a par do movimento antropofágico. Geraldo Ferraz também confirmou que a visita do conde se deu após a exposição de Tarsila em São Paulo. Embora as teorias do conde não tenham sobrevivido à prova do tempo (sendo hoje uma figura esquecida), nos anos 1930, era comum encontrar nos jornais artigos tratando de suas obras e ideias.

Um mês após receberem o filósofo, é a vez do arquiteto Le Corbusier e da cantora e dançarina Josephine Baker caírem nas graças dos antropófagos. Dos três convidados, Le Corbusier era o que tinha uma atuação mais próxima à de Tarsila e Oswald, pois também buscava extrapolar as diretrizes progressistas que pautavam a arte moderna, para que tivessem consequências na vida prática (nesse sentido, o urbanismo era o meio perfeito para o arquiteto). Le Corbusier foi também o mais elogiado por Tarsila, quando ela escreveu sobre a memória dessas recepções, indicando que a pintora nutria grande admiração por ele:

> Em 1929 foi quando o conheci pessoalmente. Viajara ele da Europa no mesmo navio em que vinham Josephine Baker e seu marido, o conde Pepino. Numa recepção que dei então em minha casa, tive a encantadora visita desses personagens famosos e Le Corbusier, em palestra, muitas vezes falou de seus planos ousados de remodelação das cidades, puzzles, dóceis para a vontade desse homem mágico, cuja visão atinge luminosos panoramas futuros por sobre séculos de tradição.
>
> (...)
>
> No Museu Moderno de Artes Ocidentais de Moscou, vi diversas maquetes de Le Corbusier, conservadas como obras-primas de concepção artística, aliadas ao espírito de utilitarismo que hoje impera como fator preponderante na organização da vida social.
>
> (...)
>
> É um trabalhador incansável. Tem viajado e remodelado muitas cidades, resolvendo os mais complicados problemas, que encontram sempre solução perante a sua grande inteligência e a sua sensibilidade de artista. (...). E continua viajando, divulgando pelo mundo a límpida simplicidade das suas linhas arquiteturais, criando cidades luminosas, como feitas de cristal, onde se irradiará sonoramente, no futuro, o prestígio e a sedução do seu nome feliz[31].

---

31 Crônica "De Joseph Monier a Le Corbusier", publicada originalmente no *Diário de S. Paulo*, 22 jul. 1936. AMARAL (1949), apud BRANDINI (2008), p.677.

A preocupação com o urbanismo era um fator central na arquitetura de Le Corbusier e, por isso, era convidado por governos de vários países que queriam pensar em planos de remodelação de cidades. Em São Paulo, suas palestras foram encomendadas pelo então prefeito, José Pires do Rio, para serem realizadas no Instituto de Engenharia. O arquiteto também visitou a Câmara Municipal, sobrevoou a cidade junto do secretário de engenharia da prefeitura e ainda foi levado por Paulo Prado a conhecer a Fazenda São Martinho, uma das maiores produtoras de café do Brasil na época. Esse reconhecimento de oficiais do governo mostra como a estética moderna já era bastante aceita. Um ano antes de vir ao Brasil, Le Corbusier ganhou o concurso para construção do edifício da União Central das Cooperativas da URSS (Tsentrosoyuz), em Moscou; encarou a vitória com animação, entendendo que havia similaridades entre suas teorias e as proposições do modelo soviético[32]. Em 1927, seu projeto para a sede da Liga das Nações havia ganhado o segundo lugar.

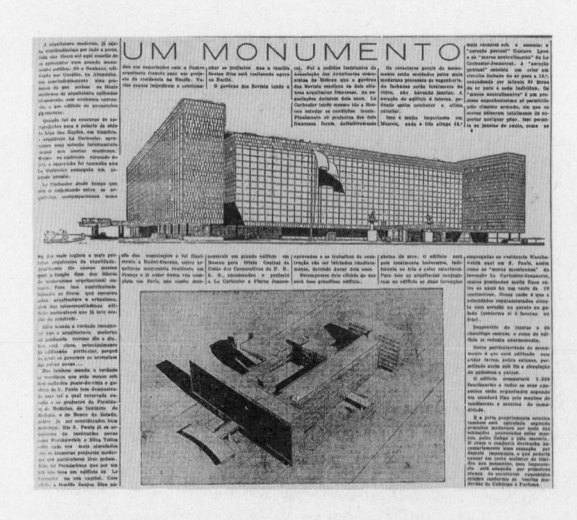

Matéria enaltecendo o projeto de Le Corbusier para a Liga das Nações, em Genebra.
Diário Nacional, São Paulo, n. 625 (16 jul. 1929).

---

32 Sua reação ficou registrada em comentários como: "É com grande alegria que contribuirei com o que possuo de conhecimento para uma nação que está se organizando de acordo com seu espírito novo". Pouco depois Le Corbusier foi também abordado pelos soviéticos a respeito da remodelação de Moscou como um todo. Cohen (1992).

Sobre a visita de Le Corbusier a São Paulo. *A Gazeta*, São Paulo, n. 7155 (26 nov. 1929).

O urbanista Le Corbusier
realiza, hoje, no Instituto de Engenharia, uma conferencia

O urbanista Le Corbusier, no campo de aviação do Aero-Civil, em companhia do dr. Jorge Corbisier

Encontra-se em São Paulo, ha varios dias, vindo de Paris, o eminente urbanista Le Corbusier (Eduardo Janeret), que aqui veiu realizar diversas conferencias sobre a architectura moderna. Hontem, o illustre hospede em companhia do dr. Jorge Corbisier, engenheiro da Prefeitura e secretario geral do Aero-Civil visitou o campo dessa sociedade, tendo feito, em seguida, um vôo sobre a cidade no avião "Fiat" do piloto, capitão Cesare Fischetti.

Hoje, ás 21 horas, o sr. Le Corbusier, fará, no Instituto de Engenharia, á rua Christovam Colombo, 1, a sua segunda conferencia sobre urbanismo, discorrendo sobre o thema: "A revolução architectural contemporanea traz a solução da urbanização das grandes cidades modernas".

A conferencia será illustrada por projecções luminosas e desenhos originaes do illustre artista.

A chegada de Josephine Baker foi anunciada em 26 de novembro pelo *Correio Paulistano*, que a define como "expressão típica da época revolucionária, aumentadora de todas as esquisitices e novidades". Sua carreira tinha pontos em comum com a de Elsie Houston: ambas ficaram conhecidas pelas apresentações do tipo "exótico" em teatros franceses ou americanos nos anos de 1920 e 1930; assim como a brasileira, ela também se alia a organizações políticas no despertar da Segunda Guerra, mas enquanto Elsie teve um fim trágico nos Estados Unidos, a atuação de Josephine junto à Resistência Francesa contra o nazismo lhe rendeu condecorações de Estado e fama longeva. Josephine e Le Corbusier ficaram em São Paulo até a primeira semana de dezembro de 1929. A recepção aos dois foi a última organizada por Tarsila e Oswald, que entram em 1930 já separados.

Fotografia do artigo "Josephine Baker em São Paulo: o seu espetáculo no Teatro Sant'Anna". Fonte: *Correio Paulistano*, São Paulo, n. 23720 (26 nov. 1929).

Descobrindo a traição

Pensar sobre como Tarsila reagiu à traição de Oswald é um esforço de especulação, sendo fácil cair em distorções baseadas em preconceitos. Há quem sustente que a artista ficou tão desolada que entrou em estado depressivo e se isolou. Mas Geraldo Ferraz, amigo de Tarsila, que convivia com ela na época, apresenta os fatos de uma maneira diferente: ele faz questão de destacar em seu livro, *Depois de tudo*, que a separação de Oswald não fez Tarsila sair de cena. Assume ter havido, sim, tristeza, acompanhada de fortes emoções, mas não foi um acometimento duradouro – sabemos disso também, pois não houve interrupção significativa de suas atividades sociais no início de 1930.

> O ambiente na residência de Tarsila era de uma profunda mágoa; um quadro da pintora aparece com vários golpes de faca: um feitiço, mas contra quem e por quê? Estivemos com essa tela em nossas mãos, não ouvimos de ninguém a narrativa do fato, muito estranho, entretanto[33].

Você pode pensar que o termo "feitiço" seja só uma força de expressão do jornalista, usada para aumentar o drama de sua narrativa. Mas Aracy Amaral e Ana Luisa Martins revelam que a magia teve um papel na rotina do casal Tarsiwald no período final de sua união: acreditando poder evitar o pior, Oswald recrutou um feiticeiro, Antenor, que foi morar na casa deles com a missão de apaziguar os espíritos e limpar as energias. Ana Luisa conta que o tiro saiu pela culatra, pois foi justamente ele quem revelou a Tarsila a traição do marido. Além da tela esfaqueada, outro quadro teve um desfecho trágico naquele tempo: induzido pela superstição, Oswald ateou fogo a uma obra de Rego Monteiro, acreditando que ela dava azar.

No relato de Geraldo, o ataque à tela de Tarsila ocorreu em algum momento entre a exposição dela em São Paulo e o mês de outubro, ou seja, época em que ocorreu o enlace forjado entre Pagu e Belisário. Se o relato estiver correto, seria possível supor que Tarsila ficou sabendo do caso de Oswald meses antes de decidir desmanchar o casamento, ou seja, eles teriam tentado resolver a situação antes de partir para o fim.

Curiosamente, é desse fim de ano também a última tentativa de Oswald de se manter alinhado com seus interesses de proprietário rural (antes de aderir de vez aos ideais do comunismo e a Pagu). Em 4 de dezembro, ele vai tentar proferir um discurso no Congresso dos Lavradores. Mas sua imagem diante dos fazendeiros

---

33 FERRAZ (1983), p. 55.

já não era boa: ele foi vaiado para fora do palco, ficando impedido de falar. Seu discurso só foi conhecido alguns dias depois, quando o jornal *O Estado de S. Paulo* o publicou na íntegra.

A perda da fortuna

O mês de outubro de 1929 se inicia com a crise do mercado de café brasileiro e termina com a quebra da Bolsa de Valores de Nova York. Tem início a primeira depressão econômica internacional. A família Amaral, que outrora chegou a ser proprietária de dezenas de fazendas, perdeu quase tudo. Santa Teresa do Alto, a morada Tarsiwald, fica com a posse suspensa (o imóvel seguirá em nome de Tarsila, porém sob tutela do Estado; ela só conseguirá reavê-lo em 1937). Sem a liquidez de outrora, acabaram-se as viagens, os vinhos importados, roupas novas e a crescente coleção de arte particular.

O fim do casamento veio pouco depois desse baque. Oswald também se encontrava com poucos recursos; num primeiro momento vai morar no Hotel Términus, em companhia de Pagu, mas não demora para a situação se complicar ainda mais, forçando-os a buscar locais mais ermos e baratos, como a Ilha das Palmas (em Santos) e uma chácara em Santo Amaro. Patrícia já estava grávida pela segunda vez (lembrando que a primeira gestação, aquela de 1929, não chegou ao fim). Em setembro de 1930, nasceu Rudá Poronominare Galvão de Andrade. O novo casal tentou levar um estilo de vida simples e por um tempo eles até se empolgaram com a ideia de viverem como verdadeiros proletários, mas o encanto durou pouco. Antes de o bebê completar um ano, Patrícia deixa o lar e Oswald vai morar em um quarto alugado com o filho de colo. Uma mudança radical de vida, sem dúvida. Nonê, filho mais velho de Oswald, conta que, para sobreviver nesse período, o pai vendeu boa parte de seu patrimônio de forma impulsiva, desfazendo-se de bens que estavam desvalorizados por causa da crise. Diz que Oswald era descuidado, pois estava convencido de que o modelo comunista prevaleceria e logo tudo seria estatizado.

Tarsila, ao contrário, não negou o gosto pelo estilo de vida que levava até então. Não buscava reinventar a si, nem mesmo almejava de fato uma mudança de modelo de governo, pelo menos não naquele primeiro momento após a separação. Adota uma atitude pragmática e faz as acomodações necessárias em resposta à situação financeira de maior privação que se impunha. Em pouco tempo foi atrás de fontes de renda para se manter. Usando suas conexões e experiências, ela busca um trabalho formal e consegue o cargo de diretora da Pinacoteca do Estado. Nesse sentido, o não rompimento com o passado lhe ajudou, pois foi Júlio Prestes quem a indicou ao cargo.

Apesar da avalanche de acontecimentos que se impuseram em sua vida naquele fim de década, Tarsila parece seguir lidando com a adversidade de maneira honrosa. É Geraldo Ferraz (mais uma vez) quem nos conta uma das informações mais peculiares sobre a pintora naquela época: ela passou a dar cursos de desenho em agosto de 1930; é descrita como uma professora atenciosa com seus alunos, dando-lhes atenção individual, além dos treinos em grupo. Essa informação mostra mais uma vez que Tarsila estava disposta e ativa na busca de trabalhos alternativos para compor sua renda e preencher seu tempo.

Parte 3

Novas expectativas

No âmbito das artes, alguns acontecimentos animadores pareciam indicar que nem tudo havia mudado (ainda). O primeiro deles foi a abertura da Casa Modernista, do arquiteto Gregori Warchavchik. Sobre a Casa, é possível encontrar muito material na imprensa da época, bem como escritos e referências posteriores. Um dos mais surpreendentes registros que sobreviveram aos dias de hoje é um vídeo gravado por Mário de Andrade, mostrando a abertura da exposição e o público circulando pela residência, ícone do ideal modernista[34]. Dada a farta documentação e as análises especializadas, não vou me alongar em explicar os detalhes desse feito de Warchavchik. Contudo, é preciso pontuar que a obra conseguiu reunir o trabalho de diversos artistas e intelectuais que andavam dispersos nos últimos tempos, mas que se sentiam representados pela Casa. Tratava-se de uma obra multifacetada: além da arquitetura, Warchavchik criou os móveis; sua esposa, Mina Klabin, cuidou do paisagismo; nas paredes havia pinturas de Tarsila, Di Cavalcanti, Anita Malfatti e Lasar Segall, entre tantos outros. Além de emprestar quatro de suas telas para ambientar os aposentos da casa, Tarsila também contribuiu com objetos de decoração de seu acervo pessoal. As prateleiras de livros apresentavam exemplares de Alcântara Machado, Graça Aranha, Manuel Bandeira, Mário de Andrade, Oswald e, no meio de tanta literatura, estava também um exemplar do livro do psicólogo pernambucano Osório César, que viria a ser o próximo parceiro de Tarsila, ainda naquele ano.

---

34   Acervo da Biblioteca da FAU/USP. Disponível em: https://www.youtube.com/watch?v=eR5XPpU6U6o&ab_channel=Flip-FestaLiter%C3%A1riaInternacionaldeParaty. Acesso em: 18 jun. 2024.

As escolhas estéticas de Warchavchik atestam sobre os valores que começaram a ganhar força nesse período: a simplicidade de traços e funções da Casa revela as preocupações do momento histórico, marcado pela depressão econômica global. Economia e eficiência eram imperativos, reforçando a ideia de que ornamentos e rococós sem utilidade devessem ser repudiados como meros caprichos que simbolizavam o desperdício de tempo e dinheiro.

Fotografia de um dos quartos da Casa Modernista de Warchavchik, com a obra *Cartão Postal*, de Tarsila, na parede.

A arquitetura moderna ganhava destaque como um ponto de confluência das artes, em que talentos de diferentes áreas podiam expressar suas habilidades, e a Casa foi a encarnação em concreto do ideário modernista (independentemente de sua vertente). Mostrava ao público de que forma a filosofia contida nas inúmeras vanguardas e manifestos artísticos podia ser traduzida para a vida cotidiana. Partindo de princípios artísticos abstratos se vai, cada vez mais, caminhando para a concretude do modo de vida.

Mas, claro, esse encaminhamento da arte moderna não era aprovado por todos: nos dias que se seguiram à abertura, a Casa foi criticada por muitos especialistas. Entre eles, ficou notória a fala do professor de arquitetura do Mackenzie, Cristiano Neves, que chamou a construção de monstrengo mecânico. Em resposta a ele, Geraldo Ferraz, atuando então como repórter para os *Diários Associados* de Assis Chateaubriand, redigiu um protesto, com outros colegas, a fim de formalizar o apoio dos artistas em defesa do que a Casa representava. Levaram o texto ao Instituto de Engenharia, mas somente Flávio de Carvalho assinou; é sabido que Brecheret e Tarsila se recusaram.

Houve também um acontecimento importante no âmbito familiar de Tarsila naquele ano de 1930: foi o casamento da filha Dulce com Edgar Rombauer. A família de Edgar tinha alguma notoriedade em virtude da atuação do patriarca, Timbor Rombauer, principal executivo do estúdio de cinema americano Paramount, no Brasil. Apesar da fama dos pais dos noivos, o enlace não ganhou destaque na imprensa. E, embora um casamento seja motivo de celebração, também significava o distanciamento de Dulce do antro da família Amaral.

O ritmo das pinceladas

Nos idos de 1928 Tarsila esteve inspirada: finalizou nove telas. No ano seguinte, foram sete. Já em 1930, em meio às reviravoltas que se impuseram, entregou apenas uma tela. É *Figura só*, uma pintura que alude diretamente ao estado de espírito no qual a artista se encontrava. Desde o nome, passando pelos elementos que a compõem e as cores, *Figura só* indica ponderação e pesar. De costas para o público, a figura feminina olha o horizonte, como se à espera do futuro que lhe aguarda. No ano seguinte, Tarsila pintou *Paisagem com ponte*, quem sabe formalizando a possível travessia rumo ao novo lugar. Sobre o primeiro quadro, Geraldo Ferraz disse: "Os tempos mudaram. Tarsila mudou. [...] Tarsila atravessava uma fase-desolação, e a figura solitária se cobrira de uma leve melancolia lilás no equilíbrio intelectual da sublimação..."[35]. A alta produtividade artística vista nos últimos anos não voltaria a se repetir.

Mas Tarsila não ficou parada como sua "figura só". Além dos eventos já mencionados, em 1930 ela se ocupa de duas obras em homenagem aos poetas falecidos Amadeu Amaral e Rodrigues de Abreu. A este último, ela executou uma herma que segue até os dias de hoje exposta em praça pública, em Capivari. A homenagem a Amadeu Amaral era mais pretensiosa: a administração da cidade havia pedido a Tarsila que criasse um pequeno complexo arquitetônico. Ela fez o esboço para o monumento, mas esse projeto nunca saiu do papel (a tomada do poder por Getúlio Vargas, em outubro de 1930, acarretou mudanças de governo também nos níveis municipais, e em Capivari isso significou a dissolução da comissão que liderava o projeto). Mas sobrou um registro escrito sobre o esboço de Tarsila, no qual descobrimos que a incursão da artista pelo terreno arquitetônico seguiu os mesmos preceitos que guiaram a Casa Modernista. Sobre o projeto de Tarsila, há a seguinte descrição no jornal *Diário Nacional* de 4 março de 1931: "(...) Tarsila do Amaral apresentou à comissão um esboço do monumento que idealizara, baseando todo ele numa grande pureza e simplicidade

---

35 FERRAZ, Geraldo, 1933, apud AMARAL, Aracy (2010). p. 342.

de linhas, sem rebuscamentos inúteis e cansativos de estilo"[36] – o texto faz uma cobrança para que o monumento seja construído, infelizmente não foi.

Ainda em 1930, o reconhecimento de sua arte seguia ganhando fôlego no âmbito internacional: duas telas foram selecionadas para compor uma mostra no Nicholas Roerich Museum, de Nova York, que ocorreu no início de outubro. Ela também se animou em enviar à França uma tela para compor o *Salon des Surindépendants*, que estava em sua terceira edição naquele ano. Além dos afazeres ligados à arte, ela, sem dúvida, precisou dedicar tempo a resolver pendências ligadas à separação de Oswald, à perda da posse da fazenda e no auxílio a seus pais, que também precisaram adequar o modo de vida diante da crise econômica. E, no meio de tudo, ainda houve tempo para que um novo romance começasse, como veremos a seguir. Por todos esses motivos, penso ser um erro dizer que Tarsila ficou em estado depressivo, ou se exilou, após a separação de Oswald.

Um novo parceiro

Tarsila e o psiquiatra Osório César começam a estreitar laços após ele a acompanhar em uma visita guiada em seu local de trabalho, o Hospital de Alienados do Juqueri[37]. Geraldo Ferraz registrou a presença constante de Osório na casa da pintora já em maio daquele

---

36 DIÁRIO NACIONAL, n.1119 (4 mar. 1931).

37 O nome do Hospital do Juqueri mudou várias vezes ao longo dos anos; variações com os termos manicômio, hospício e asilo podem ser encontradas. Essa constante adaptação do nome reflete o dinamismo das áreas de psiquiatria e psicologia ao longo do século XX, bem como as mudanças na forma de se pensar as doenças mentais.

ano, ou seja, o coração de Tarsila começa a viver uma trégua poucos meses após o casamento com Oswald ter terminado.

Osório era conhecido no meio artístico da cidade. Frequentava a Villa Kyrial (reduto de intelectuais e artistas da época) e chegou a se apresentar com um grupo musical, tocando violino por lá. Suas pesquisas psiquiátricas também enveredavam para a investigação da expressão artística e suas publicações ficaram famosas entre os modernos. Essa inserção de Osório no meio artístico trouxe um benefício importante para Tarsila: o aumento de seu círculo de amizades, inclusive com o retorno daqueles que haviam se afastado do turbilhão antropofágico. Flávio de Carvalho é um dos que se aproximam do novo casal, e houve ainda o importante reatar da amizade com Mário de Andrade.

Osório nutria uma admiração de longa data por Tarsila. Como vimos, ele frequentou avidamente a exposição de nossa pintora no ano anterior e, em entrevista a Aracy Amaral, falou da impressão grandiosa que Tarsila imprimiu em sua mente de jovem rapaz, quando ele a viu pela primeira vez, anos antes – era ainda muito imaturo, e seus dez anos a menos, aliados à falta de experiências, se faziam notar. Mas em 1930 a situação era outra: tornou-se um psiquiatra renomado e estava bem inserido. Em fevereiro, publicou o livro *A expressão artística dos alienados* e recebeu elogios nos jornais; dentre os comentários, um parece responder às críticas que a arte de Tarsila recebia: "Um livro como esse devia ser lido principalmente por todos quantos chamam de produções malucas a tudo quanto não conseguem entender"[38].

---

38 DIÁRIO NACIONAL, n. 797 (2 fev. 1930).

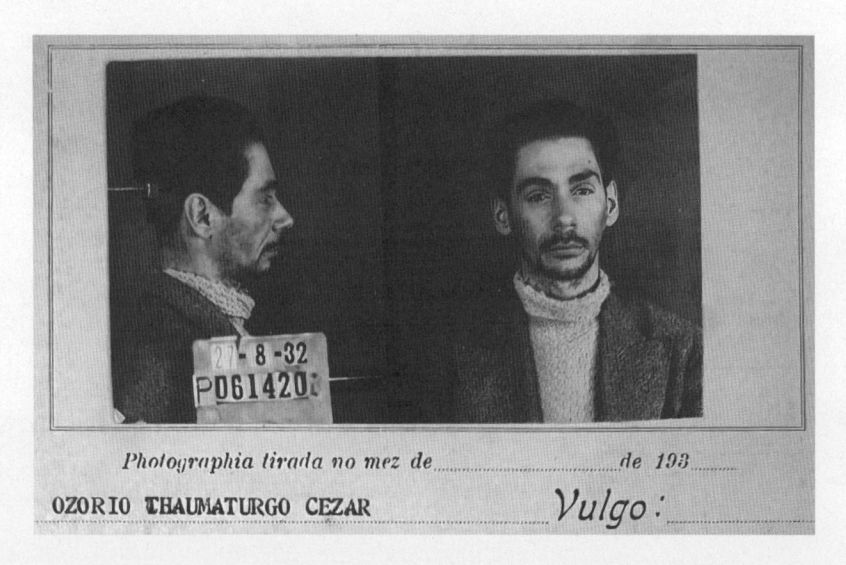

Reprodução de foto do prontuário de Osório César no DEOPS. Prontuário n. 1936, volume 1, Acervo DEOPS do Arquivo Público do Estado de São Paulo.

Correntes artísticas e ideologias políticas

Com o início de uma nova relação e uma série de atividades em andamento, Tarsila parece se adaptar bem à nova realidade. Porém, mais mudanças estavam por vir. Os efeitos da crise econômica se agravam no mundo inteiro, e novos atores políticos impulsionam uma ruptura com o modelo vigente. No Brasil, na segunda metade do mês de outubro (exatamente um ano após a quebra da Bolsa de Nova York), Getúlio Vargas marcha com seus seguidores pela capital do país, pondo fim à Primeira República. Júlio Prestes se exila na Inglaterra; Washington Luís, nos Estados Unidos. Como efeito colateral, Tarsila perde seu cargo de diretora da Pinacoteca para o qual havia sido indicada por Prestes.

Getúlio estava oficialmente no poder. Muitos nutriram esperanças com o novo regime, embora a instabilidade persistisse. A demora do governo em redigir uma nova Constituição faz aumentar as especulações quanto aos rumos do país. Como é de se esperar, em um momento de troca de regimes o debate político se impôs como assunto principal e as opiniões divergentes acirravam os ânimos. Tarsila vivia a polarização na intimidade de sua vida particular, já que descendia de família tradicional de fazendeiros, mas estava imersa no meio intelectual, o qual, cada vez mais, defendia a importância de uma reforma política e econômica que atendesse às demandas sociais. E, mais uma vez, a artista tinha ao seu lado um companheiro interessado nas propostas comunistas.

Era natural que discursos de críticas às oligarquias que regiam o país até então tivessem aderência, dada a crise econômica e social que estava instaurada. Mas o comunismo não era a única resposta à crise do velho sistema. Getúlio Vargas, por exemplo, ganhou adeptos com um discurso mais próximo ao modelo fascista. O embate de ideias que levaria à formação de um novo governo ocorria em escala global, uma vez que a crise era global. De forma simplificada, podemos dizer que o modelo democrático e de livre mercado estava em uma queda de braço com o fascismo e o comunismo, e essa disputa era vivida de maneiras diferentes em quase todas as nações. No cenário brasileiro tínhamos, rudimentarmente falando, a República Velha, alinhada ao modelo democrático-capitalista; o grupo em torno de Vargas, mais próximo do fascismo; e Luís Carlos Prestes como a pessoa-símbolo dos que defendiam o comunismo.

A República Velha estava longe de ser um ideal de democracia ou de livre mercado, e a insatisfação com esse modelo se fazia ouvir desde, pelo menos, o início dos anos 1920. Eventos como a Coluna Prestes, a Revolta dos 18 do Forte e o movimento tenentista apontavam para o crescente desagrado da população. Após 1929, a crise financeira mundial piorou uma situação que já era ruim. As fortunas dos senhores do café derreteram. A exuberância das mansões, dos itens importados e as temporadas no exterior viraram coisa do passado. Para os menos abastados, a falta de emprego tornava o cenário ainda mais desolador, e atingiu tanto a zona rural como a urbana – grande parte das (poucas) fábricas que tínhamos fecharam. Os fazendeiros, antes unidos pela "Política do café com leite", não se entendiam mais, tendo perdido o poder econômico que os fortalecia. O rumo do país era incerto. Alguns desejavam a reestruturação da ordem antiga, mas outros apostavam que uma mudança completa era iminente. "Liberdade, povo e revolução" eram palavras de ordem que respondiam aos anseios do momento. E foi Vargas quem conseguiu pronunciá-las mais alto.

O discurso em busca de uma revolução feita em nome da liberdade, encontrado na retórica tanto fascista como comunista, atingiu em cheio os artistas e intelectuais ligados ao modernismo. No Brasil (e fora dele), foram incontáveis os artistas modernos que se alinharam a uma causa ou à outra. Exemplos notáveis dessa movimentação seriam Marinetti, que aderiu ao fascismo, e Picasso, ao comunismo; no Brasil, citamos os antropófagos e os verde-amarelos.

As propostas políticas proliferavam em 1930, da mesma forma que as vanguardas artísticas em 1920, cada qual com seu "ismo", fosse futurismo, cubismo, impressionismo, dadaísmo; ou nazismo, fascismo, integralismo, comunismo, socialismo etc. Cada um desses "ismos" representava uma forma particular de se pensar a mudança almejada, primeiro na esfera artística, depois na organização social. O que tinham em comum era a crença de que poderiam usar o poder da racionalidade humana (que se pretendia esclarecida naqueles tempos modernos, e se acreditava livre dos preconceitos do passado), para teorizar um modelo ideal e colocá-lo em prática.

Panfleto da Revolução de 1930 – AO POVO – O Boletim revolucionário, do Governo de Minas, registra a marcha triunfante da Revolução.

Parte 4

"Nunca seria política"

Esse foi o veredito de Aracy Amaral sobre Tarsila, mas a afirmação categórica parece ser facilmente desmentida quando ficamos sabendo do envolvimento da artista com grupos comunistas na primeira metade da década de 1930 (como veremos a seguir). Por que, então, Aracy faz questão de posicionar a artista longe dessas movimentações? Como sabemos, a própria Tarsila se recusava a falar dessa época de sua vida, bem como da relação com Osório César. Essa recusa nos informa, ao menos, uma coisa: preferia deixar de fora de sua história o período em que se envolveu com grupos políticos. Aracy adentra os fatos tangencialmente, por meio de relatos de terceiros, mas, em respeito à vontade da pintora, não chega muito perto. O resultado é tímido, e ela sabe disso: avisa ao leitor que, embora não tenha se aprofundado naqueles eventos, deduzia que 1933 deve ter sido um dos anos mais estimulantes da vida de Tarsila.

O assunto é mesmo delicado, pois mesmo décadas depois da morte da artista, sua família ainda se preocupa: sua sobrinha-neta me fez o alerta sobre como essa fase deve ser lida dentro do contexto apropriado, para evitarmos o risco de atribuir a Tarsila uma politização excessiva, que não lhe cabe. Por isso, sigamos sem perder de vista os alertas que nos foram dados. O envolvimento de Tarsila com a militância política, antes de ser um atestado absoluto de suas inclinações pessoais, é algo que localiza suas ações em um momento histórico peculiar: a década de 1930, período entreguerras, marcado pelos debates ideológicos que se disseminavam pelo mundo todo. Nesse sentido, o que aconteceu com ela se deu também, de forma similar, com tantos outros formadores de opinião da época, pessoas que não tinham como ficar isentas de um debate que impunha consequências reais a suas vidas. Por isso, nesse breve espaço de tempo, não temos como negar que Tarsila foi, sim, política. Mas, diferentemente de muitos colegas e amigos, passado esse período mais agudo de crise, ela se descola dali para não mais voltar.

Apesar de todas essas ressalvas, sabemos existir ainda uma espécie de impulso fetichista que leva muitas pessoas a querer pôr um rótulo ideológico em grandes mestres da arte, a fim de ler suas vidas e obras sob o prisma do posicionamento político. No caso de Tarsila, se esse período comprova alguma coisa, é justamente que ela não pode ser compreendida de forma tão simplista. Ao longo de sua vida, a artista circulou bem entre apoiadores do governo e seus opositores; vai sim, por um breve período, envolver-se com grupos comunistas, mas em seguida volta a uma posição de maior neutralidade.

Sem mais delongas, vamos aos fatos: até o segundo semestre de 1930, Tarsila seguiu apoiando publicamente Júlio Prestes e Washington Luís, representantes máximos da Primeira República. Em agosto seu nome aparece no *Correio Paulistano* como uma das muitas personalidades que manifestavam o apoio a Júlio Prestes, mas de nada adiantou essa manifestação. Em fins de outubro o governo cai, e já em dezembro Tarsila publica seu primeiro texto em jornal, falando justamente sobre as promessas de um novo modelo: aquele adotado pelos soviéticos. A decadência da República Velha deixou um vácuo a ser preenchido. Ao lado de Osório, Tarsila se acerca mais das ideias comunistas e vai, aos poucos, se convencendo de sua retórica.

Os relatos sobre o regime soviético

Seria um erro interpretar a aproximação de Tarsila do comunismo com base no que sabemos hoje sobre o regime soviético sob o comando de Stálin. Comecemos então nos perguntando:

o que Tarsila sabia sobre o regime russo de então? Obter informações sobre o que se passava do outro lado do mundo era difícil, e não era prudente confiar na imparcialidade de quem as transmitia (seja para fazer elogios ou críticas). Uma miscelânea de opiniões divergentes se espalha pelos jornais da época. Alguns criticavam o modelo soviético, enquanto outros o ovacionavam. Havia também o perfil moderado, muitas vezes condescendente com o discurso soviético, mas que se permitia apontar erros na implementação dessas ideias.

"O preço da escravidão" é o nome da coluna assinada por Assis Chateaubriand em março de 1931, na qual afirma que a retórica soviética ilude apenas os ingênuos e acusa as conquistas daquele governo de serem feitas com base em trabalho escravo[39]. No mesmo mês, o periódico *O Homem do Povo* (idealizado, entre outras pessoas, por Oswald de Andrade e Pagu) responde à acusação e apresenta sua versão dos fatos: trata do conflito entre capitalismo e comunismo como uma guerra de vida e morte e acusa os países capitalistas de fazer uso da força, de bloqueios econômicos e, mais ainda, de uma guerra de calúnias, para tentar suprimir manifestações em prol do comunismo. O artigo termina dizendo que esse conflito só acabará

> quando a Rússia comunista tiver cessado de existir ou quando o capitalismo internacional, numa última arrancada, a mais trágica que a história já conheceu, der por terminada a sua missão no mundo, em obediência aos ditames do velho Marx[40].

---

39 CHATEAUBRIAND (1931).

40 Texto assinado com o pseudônimo Raul Maia (o uso de pseudônimos era muito comum nesse jornal). O HOMEM DO POVO, São Paulo, n. 3 (31 mar. 1931).

Tarsila toma a palavra

Por sorte, não precisamos especular sobre o que nossa artista pensava do regime soviético na época, pois ela mesma nos conta suas impressões na crônica que publicou em dezembro de 1930 – esse foi, como mencionado, o primeiro texto de Tarsila a aparecer em um jornal. O artigo trata do emblemático livro de John Reed a respeito da revolução Russa de 1917, *Dez dias que abalaram o mundo*. Tarsila ressalta o alto grau de violência nos acontecimentos descritos pelo autor, mas, por fim, fica a sensação de que ela aceita que tais atos se justificam quando praticados em nome de uma causa considerada justa (a saber, a dita "liberdade de um povo")[41].

Muitos dos relatos que ecoavam pelo mundo propagavam a ideia de um país de liberdade sem igual, vida cultural vibrante e política justa, além do vasto poderio econômico – um novo tipo de governo que parecia ter superado com sucesso os vícios do antigo regime. Tarsila estava se convencendo disso e conclui seu artigo evidenciando uma visão de esperança:

> Das aldeias, das fábricas, das comunas dos camponeses, dos navios distantes, chovem as saudações ao novo governo que espera a Europa federativa, a abolição das fronteiras e a paz mundial. (...) novos caminhos se abrem para o mundo que nasce.

---

41 Pode-se ponderar também sobre aquilo que ela não sabia: Tarsila não tinha como ter certeza do quanto a repressão e a violência continuavam sendo parte do dia a dia russo, mesmo após o regime soviético ter se estabelecido no poder. Até hoje ainda resta dúvida quanto ao número total de mortos pela perseguição soviética após a sua implementação; é um dado obscuro e pouco divulgado. As estimativas variam de 20 a 70 milhões de cidadãos mortos fora de combate, ou seja, perseguidos pelo governo. Se os dados são tão discrepantes até os dias atuais (*post factum*), na época de Tarsila, então, eles eram ainda mais dispersos. Trago essa reflexão, pois, talvez, se Tarsila soubesse da realidade de violência e repressão que se seguiu mesmo depois de os soviéticos estarem no poder, ela não tivesse feito uma apologia ao regime da forma como fará nos próximos anos (ou, quem sabe, tivesse seguido apoiando o regime mesmo assim; é impossível saber).

Primeiro texto de Tarsila
a ser publicado em jornal.
A Gazeta, São Paulo, n. 7463 (26 dez. 1930).

Ver para crer

Ao lado de Osório, Tarsila vai partir mais uma vez rumo ao velho continente, mas dessa vez com uma parada a mais: a Rússia. Parece que a viagem já estava nos planos de Osório, que tirou licença de suas atividades no Juqueri para dedicar tempo aos estudos[42]. Pretendia atualizar-se sobre as práticas mais recentes nas áreas de psiquiatria e psicologia. Tarsila decide acompanhá-lo, mas havia um problema: ela não tinha dinheiro para bancar a expedição. Sua opção foi vender parte de suas obras e de sua coleção particular. Foi nessa época que Mário de Andrade adquiriu para si a tela *O mamoeiro* e pagou em parcelas, uma vez que também não tinha recursos suficientes disponíveis no momento – Tarsila embarca tendo recebido apenas a primeira parte do pagamento, e alguns meses depois cobrou do amigo a outra parcela, pois precisava do dinheiro para manter-se na Europa[43].

Ainda no Brasil, Tarsila concede uma entrevista em que conta que pretendia expor suas obras em outros países da Europa, como a Alemanha[44]. Mas a ideia dela de realizar exposições e a de Osório de aprimorar seu conhecimento médico foram, de certa forma, pretextos para que realizassem um outro objetivo: conhecer a Rússia soviética de perto. Dias antes do embarque, nossa artista se fez ouvir novamente, revelando, em outra entrevista, aquilo que esperava ver no país comunista: "os seus processos intelectuais e materiais completamente revolucionários, bem como o povo animado de uma mentalidade sadia e inédita (...) capazes de respirar o ar da mais saudável das liberdades"[45].

---

42 MENDES (2018), p. 62.
43 AMARAL, Tarsila (1931), apud AMARAL, Aracy (1999).
44 DIÁRIO NACIONAL, n. 1119 (04 mar. 1931).
45 AMARAL, Tarsila (1931), apud AMARAL, Aracy (2010).

De Paris à URSS

Chegaram a Paris na primavera, época em que os habitantes ilustres da cidade costumam regressar de seus retiros de inverno, prontos para viver mais um ano de acontecimentos extraordinários no umbigo do mundo. O apartamento de Tarsila, no número 19 do Boulevard Berthier, a esperava como uma cápsula do tempo, guardando lembranças de uma época de menores preocupações. Tudo estava impecavelmente cuidado pela zeladora do edifício, Madame Toussaint. Não havia pó acumulado nos tapetes que cobriam o chão, e até mesmo os cristais da Boêmia brilhavam – Tarsila contará anos mais tarde, em uma de suas crônicas, que as gorjetas gordas funcionavam como incentivo para tamanha dedicação.

Como de costume, a rotina de eventos e encontros logo se inicia. O amigo Jayme Adour da Câmara estava na cidade e tratou de fazer companhia ao casal. Tarsila e Jayme conviveram intimamente na época em que ele colaborou com a 2ª dentição da *Revista de Antropofagia*, chegando a atuar como diretor dessa fase mais fervorosa da publicação[46]. Em Paris, foi ele o responsável por apresentar o casal brasileiro a Barkov, secretário da embaixada soviética na capital francesa, figura que terá um papel central na viagem dos dois à URSS.

Se, por um lado, eles tinham vontade de conhecer a Rússia soviética, pode-se dizer que o interesse com a troca cultural era mútuo, já que aquele governo se beneficiava com visitas de personalidades do tipo da artista e do psiquiatra, os quais eram vistos como porta-vozes perfeitos para difundir o modelo comunista pelo

---

[46] Adour foi uma figura influente em sua época. Infelizmente há pouco estudo acerca de seu legado e é de difícil acesso a obra pela qual ganhou reconhecimento, *Oropa, França e Bahia*.

mundo[47]. Quando o sr. Barkov conhece o casal, a oportunidade fica logo evidente. Tarsila e Osório comentaram sobre a admiração que nutriam pelas conquistas da Rússia, e contaram que pretendiam visitar o país. Muito satisfeito, o oficial recomenda uma série de lugares a serem visitados. O casal escuta a explanação, mas Tarsila revela que, infelizmente, não poderiam ir a todos os locais, já que passariam pouco tempo pela terra de Stálin, uma vez que seus recursos eram limitados, e as diárias de hotéis da Rússia, muito caras[48].

Bastaram alguns dias para que o funcionário soviético viesse com uma solução. Foi ao encontro dos brasileiros anunciando que eles já tinham local para ficar em Moscou; os gastos com hotéis não seriam mais um impeditivo. Seriam hóspedes na residência do próprio Barkov – a qual, hoje sabemos, de fato não pertencia ao funcionário, mas sim ao Estado, assim como todas as propriedades russas do período. As residências eram cedidas de acordo com o cargo ocupado pelo indivíduo. O convite, portanto, não foi uma iniciativa pessoal do secretário, mas sim fruto de uma decisão administrativa ligada às relações internacionais soviéticas. Por um motivo ou outro, viam com bons olhos a visita da pintora e seu parceiro, e quiseram facilitá-la. Revelando ignorar essa situação, Tarsila interpreta o ocorrido como um gesto generoso por parte de Barkov, "típico de brasileiro", ela diz.

Rumaram a Moscou. Uma vez instalados, cumpriram verdadeiro itinerário turístico: foram levados a conhecer prédios históricos, museus, fábricas e hospitais, sempre acompanhados de oficiais que lhes diziam tudo sobre as maravilhas daquele país. Tarsila expôs

---

47 São numerosos os casos de artistas e intelectuais que foram a Moscou a convite do governo soviético e que depois passaram a atuar para difundir a ideologia comunista em seus países de origem. Para quem tiver interesse em se aprofundar no tema, recomendo o artigo "*The Fellow Travelers Revisited: The 'Cultured West' through Soviet Eyes*", do historiador norte-americano Michael David-Fox.

48 AMARAL, Tarsila (1931), apud AMARAL, Aracy (2010).

suas obras no Museu de Arte Moderna Ocidental, onde fez uma palestra, falando sobre o estado da arte brasileira (se comunicou em francês). Na ocasião, a instituição comprou a tela *O pescador*, pagando à pintora uma grande quantia (em rublos, que não podiam ser levados para fora da URSS, ou seja, precisariam ser gastos por lá).

A carta de Moscou

Uma carta chega à residência dos pais de Tarsila. Eram notícias da filha, que escrevia do outro lado do mundo. "Minha mamãe querida, Minha gente querida" – começa Tarsila, deixando a entender que esperava que outros tivessem interesse em receber notícias suas, e dando a liberdade para a mãe circular a carta. Porém, ouso ponderar que, pelo conteúdo desse documento, talvez Dona Lydia deva ter sido parcimoniosa com relação à divulgação dele. Veja o que acha.

Tarsila traz detalhes do que via e aprendia em sua viagem. Ela escolhe falar sobre como as mulheres na Rússia enfrentam jornadas de trabalho iguais às dos homens e como não têm auxiliares para cuidar de seus filhos. Conta das creches comunais onde as crianças ficam à espera da mãe operária. Depois revela que a noção de "filho legítimo" não existe por lá, porque, na realidade, as crianças pertencem ao Estado. Conta sobre a abolição da contagem do tempo usando os dias da semana, uma vez que o sábado e domingo não eram mais os dias de descanso geral para todos – o descanso era escalonado de uma forma diferente, visando a maior produtividade. Diz que os jovens são alegres, trabalham, se divertem e têm o básico para a subsistência, apesar de notar que andam malvestidos. Diz que aprendeu uma lição com um artista que deixou a fortuna e a vida abastada que tinha em Paris para trás, uma vez que aquilo não o saciava da mesma forma que o "trabalhar para viver". Conta que as igrejas foram destruídas ou transformadas em museus antirreligiosos. Escolhe falar sobre como o divórcio é simples de se conseguir por lá, da mesma forma que o aborto – e entra em detalhes mais minuciosos sobre como o governo lida com a prática. Conta ainda sobre como a terra produtiva é dividida entre pequenos lavradores e explica como eles fazem para se organizar.

Tarsila conta tudo isso em tom de fascínio e aprovação, mas quase todos esses novos costumes soviéticos eram diametralmente opostos aos valores de sua família. Não que os Amaral fossem muito rigorosos, ao contrário: eles eram bastante liberais em comparação a outras famílias tradicionais brasileiras. Os pais auxiliaram Tarsila após a separação do primeiro marido, André Teixeira Pinto, e também de Oswald; e incentivaram todas as experiências dela até aquele momento. Mas creio não ser descabido imaginar que a animação da filha com práticas antirreligiosas e de divisão das terras produtivas, entre outras, deve ter sido um tanto indigesta para muitos dos membros da família.

Reprodução da carta de Tarsila[49]

Moscou, 27/06–01/07/1931

Minha mamãe querida,
Minha gente querida,

Faz hoje um mês que aqui cheguei. Só agora, depois que vi muita coisa correndo o dia todo, é que venho dar notícias detalhadas de minha viagem. Estou aqui hospedada em casa do secretário da Embaixada Soviética em Paris, o Sr. Barkov. Tendo eu dito que ficaria pouco tempo em Moscou ele me perguntou por quê. Disse-lhe que os hotéis custavam, segundo carta que tinha recebido de Moscou, de 7 a 8 dólares por dia, os mais baratos. O Sr. Barkov, num

---

49 AMARAL, Tarsila (1931), apud AMARAL, Aracy (2010).

gesto que só um brasileiro faria, ofereceu-me o seu apartamento, ocupado por uma sua cunhada que aqui está. Chama-se Gertruda (pronuncia-se Guertruda), é uma mocinha bonita e muito boa. O fato de não pagar hotel permitiu-me ficar mais tempo aqui. Agora é que estou vendo o que é a Rússia. Quanta fantasia sobre ela! Aqui as mães todas criam seus filhos. Depositam-nos numa creche, no próprio lugar onde trabalham, durante o dia, isto é nas 7 horas de trabalho. As crianças são bem cuidadas e alimentadas. Vive-se sem saber qual o dia da semana, pois não há domingo nem feriado. Todos trabalham 4 dias e descansam no 5º em turmas diferentes, de maneira que o trabalho não se interrompe e cada dia da semana tem seu grupo que descansa. Assim, não há dia em que os teatros, os cinemas não estejam repletos. A mocidade está alegre, trabalha e se diverte. Quase todos malvestidos porém bem-alimentados, isto é, têm o necessário como o pão, o açúcar etc., por um preço muito baixo e se querem outras regalias como bombons, vestidos de seda (que também os há) etc., pagam muito caro. Tudo é do Estado. As lojas, as casas de comestíveis, teatros, etc. Neste momento a URSS (União das Repúblicas Socialistas Soviéticas) só exporta para pagar as máquinas que importa a fim de desenvolver a agricultura e a indústria. Estão no 3º ano do plano quinquenal que é a coisa mais arrojada que se possa conceber. O plano quinquenal pretende industrializar inteiramente a Rússia, construir, construir, substituir o arado pelo trator, acabar com o analfabetismo que já está quase inteiramente acabado num país onde 99% da população não sabia ler, e para resumir bastar-se a si mesma *sem precisar importar mais nada. É admirável. Agora, em todas as escolas, fábricas, usinas, hospitais. Institutos, teatros, em toda a parte só se fala no plano de 5 anos e todos procuram fazê-lo em menos tempo e afirmam que 2 + 2 = 5. Muitas das empreitadas já foram executadas e esperam, num grande esforço coletivo que o plano total se termine no prazo. É por isso que aqui não existe o problema dos sem trabalho. Só não trabalha quem não quer.*

Muitas igrejas foram destruídas. As de valor artístico convertidas em museus antirreligiosos. Mas nas aldeias e em muitas igrejas de Moscou o culto religioso continua. Já vi, depois que cheguei, três padres. O culto religioso nunca foi proibido como diziam. Faz-se uma grande propaganda antirreligiosa no entanto.

As mulheres têm os mesmos direitos que o homem. Ganham a mesma coisa, conforme o trabalho. Há muitas que são soldados e saem pelas ruas com seus batalhões no meio dos homens. Há uma grande campanha contra a prostituição. As estatísticas mostram que antes da guerra era de 30 000 o número de prostituídas em Moscou. Agora, com um grande aumento da população, esse número baixou a 800. Essas mulheres são levadas a uma casa especial que chamam prophylatorium *e aí são tratadas em clínicas médicas e se regeneram pelo trabalho numa fábrica de meias no mesmo* prophylatorium. *De lá elas saem para trabalhar nas fábricas, mas infelizmente algumas (são raras) voltam à antiga vida. Eu não vi ainda uma mulher que parecesse suspeita, mesmo à noite bem tarde. É que elas estão desaparecendo. Aqui os rapazes não têm aquele ar malicioso que a gente vê nos outros países. É que todos estão ocupados pelo trabalho. É engano pensar-se que há dissolução de costumes. Pelo contrário: os livros pornográficos não têm entrada na URSS. Meninos e meninas crescem juntos e se tratam como camaradas. Há muita gente do novo regime que está casada há anos e não pensa em divórcio apesar de que o divórcio é a coisa mais simples. Basta que um dos cônjuges declare que quer divorciar e o outro é obrigado a aceitar o divórcio que se faz sem despesas. Aqui não existe a expressão "filho legítimo". Todos são legítimos, todos iguais, todos são do Estado, que os confia às mães para que os eduquem. Há grande cuidado com a saúde das crianças. Em toda parte há hospitais e casas de repouso. Outro dia fui visitar um instituto para crianças nervosas, perto de Moscou. Quase todos esses institutos estão em antigos castelos requisitados pelo governo, no meio de árvores em casas magníficas. Pois bem, lá estavam 50 crianças de idade pré-escolar: de*

4 a 7 anos. Todos divididos em pequenos grupos de 8 a 10 para não se excitarem mutuamente. É admirável o cuidado e a dedicação com que são tratados. Lá ficam 4 a 5 meses e depois voltam para suas casas.

Vi também uma clínica para abortos e assisti a algumas operações. Nessa clínica operam diariamente 60 mulheres quando elas provam que não podem ter o filho ou pela dificuldade de alojamento, ou porque não têm um marido, ou porque são doentes, ou porque são estudantes ou outra razão justa. E apesar disso a população russa cresce de 40 por mil enquanto na França cresce 5 por mil e na Alemanha 8 por mil. O aborto só é feito até 3 meses de gravidez. Lá se ensina a evitar a gravidez e se aconselha a não se lançar mão do último recurso.

Os teatros aqui são muito bons. Assisti no grande Teatro (Ópera), que é muito rico, a uma bela ópera de Tchaikovsky. Orquestra magnífica. O teatro "Meyerhold" é moderníssimo. Os museus são muito bons. A coleção de quadros modernos daqui é ainda maior que nos museus modernos da Alemanha. Agora falemos de minha exposição: tive muito sucesso no dia de meu vernissage, 10 de junho. Fui saudada pelo meu antigo conhecido e amigo de Paris, Serge Romoff. Depois mandarei umas fotografias desse dia. O Museu de Artes Ocidentais me comprou um quadro mas o pagamento é em rublos o que quer dizer que eu não posso retirar o dinheiro do país. Mas me ajuda muito pois deixo de gastar os francos que trouxe para trocar. No dia 30 deste seguirei a Leningrado. Já estou bem impregnada do espírito do povo. Tenho tanta coisa a dizer e tantos detalhes sobre o que escrevi que daria para um livro. Ia me esquecendo: no dia 15 de junho fiz uma conferência em francês no Museu de Artes Ocidentais sobre a arte no Brasil. Falei sem ler e me saí muito bem.

Talvez vá, depois de Leningrado, visitar uma kolk-hoz. A kolk-hoz consiste na reunião de uma porção de pequenos lavradores de terras numa grande sociedade. O governo dá aparelhos agrícolas aperfeiçoados e os ajuda para incentivar o cultivo da terra em grande, por *processos modernos. Os lavradores pagam um pequeno imposto e têm direito de dispor do produto como entenderem mas não podem exportá-lo. A terra é do Estado.*

Vi também o mausoléu de Lênin que é uma maravilha. Em horas determinadas o povo entra para ver Lênin embalsamado e vai sempre andando sem parar. Dá tempo de se ver bem. Se quiser pode passar outra vez. Lá está Lênin repousando como se estivesse vivo. Uma luz rosada projetada no seu rosto lhe dá uma cor natural. É uma romaria que passa. O culto de Lênin impera.

O sistema de ensino aqui é magnífico. Os alunos estudam por pequenos grupos. São controlados pelos professores que não fazem conferências e que os ajudam quando estão atrasados. Não há exames. De tempos em tempos apresentam um relatório e as notas parciais e a observação dos professores servem de base para passar no ano seguinte. Os alunos discutem o programa com os professores e podem, conforme a votação mudar, alterar o programa se ficar provado que têm razão. Até as crianças nas escolas se habituam a reclamar e aprender a ter consciência de seus atos.

A campanha contra o álcool é grande. Entretanto há muitos que bebem. Há muita coisa por fazer e não se pode dizer que isto seja um paraíso. Todos aqui são francos, em mostrar o que têm de bom e de mau. Recomendam cuidado com os ladrões que são muitos. Muita gente pensa que a Rússia é comunista. É engano. Aqui se prepara a nova geração para o comunismo. Por enquanto é a ditadura do proletariado. Não se pode fazer tudo num dia. É admirável o que já conseguiram num povo bárbaro. — Somente 1% da população é comunista. Os outros não têm partido político.

Estive outro dia em casa de um grande pintor, Sternberg, que viveu muitos anos na Alemanha e em Paris. É um judeu. Já teve dinheiro. Poderia ter ficado em Paris. Aqui está trabalhando para o Estado satisfeitíssimo e diz: "meus colegas de Paris estão ajuntando dinheiro. Quando têm um milhão querem ter dois. Eu sou mais feliz porque ganho para viver. Não me preocupo nem com minha mulher, nem com minha filha. Ambas têm meio de vida. Se ficarem inválidas terão quem as trate". Tenho visto e tenho aprendido tanto que terei coisas para contar durante um mês.

Ontem fui assistir a uma exposição de higiene social. É admirável o arranjo do salão, as demonstrações cinematográficas, as estatísticas, a propaganda profilática, etc. Há "maquetes" mostrando uma casa de campo suja e mal-arranjada e embaixo a mesma casa em condições higiênicas.

Se eu continuar na descrição não acabo mais a carta.

Agora falemos da minha saudade. Aqui estou desde fins de maio sem uma notícia de casa. Achei melhor que a correspondência ficasse em Paris. Hoje é 1º de julho e só agora é que estou continuando esta carta. Que saudades! que saudades!

Aqui em Moscou há diversos brasileiros e alguns deles estudando. Chegando em Paris vou munir-me de uma boa biblioteca Marxista para estudar bastante. Sempre me lembro do Messias. Mando dizer a ele que faça boa companhia à mamãe. Ele ficou em meu lugar. Minha Dolurzinha o que anda fazendo? E Edgar? Estarão todos ainda na mesma casa? Estarão na Alameda dos Andradas? E Mílton? Já teria arranjado o emprego prometido? Sempre penso em mandar um cartãozinho ao Sérgio para dizer que me espere para brincar com meus brincos. Lembro-me sempre da minha sobrinhada toda. Hoje sigo a Leningrado e de lá voltarei a Moscou, onde tenho ainda o que ver. Como vai Custódia? Saudades para ela, Vital, Dejanira, todos, todos. Não tenho tempo para escrever o nome de todos.

Como teria meu querido papai arranjado os negócios? Papai não deve se incomodar com os filhos. Cada qual que cuide da sua vida. Peça a Dolurzinha que seja muito carinhosa com papai e mamãe e que cuide muito da saúde deles.

Vou levar algumas telas e fazer uma pequenina exposição em Leningrado. Estou fazendo grande progresso no alemão. Sou obrigada a falar aqui com a mocinha do apartamento onde estou porque ela não fala outra língua além do russo. Bem minha gente querida, até logo e basta de tanto escrever. Beijos, um milhão de abraços para todos.

A filha querida T.

Sempre penso no Perez e no entusiasmo dele pela Rússia, agora que estou vendo isto de perto.

Não reli a carta. Deve estar muito mal escrita.

Em Leningrado

Em Leningrado (atual São Petersburgo), Victor Serge foi designado para acompanhar o casal brasileiro. Serge era conhecido por ser um escritor revolucionário, e se autointitulava o último dos trotskistas. Ao término da viagem, ele virou entusiasta da arte de Tarsila. Estiveram por 12 dias na cidade icônica, onde tiveram a chance de conhecer o Instituto de Medicina Experimental, e ver pessoalmente os trabalhos de Ivan Pavlov[50]. Tarsila lamenta terem se desencontrado do cientista; ele estava de férias, pelo que lhe disseram, mas isso não impediu que visitassem os laboratórios onde conduzia os famosos experimentos com cães. A seguir estão algumas fotografias do livro que Osório publicou após a viagem, mostrando algumas das experiências que tiveram como convidados do regime soviético.

---

[50] Ivan Pavlov ganhou o prêmio Nobel em 1904 por suas pesquisas. O prêmio havia sido criado em 1901.

Fig. 3. — Kalinin, presidente do Comité Central Executivo da U. R. S. S., entre os delegados do 2.º Congresso dos Ateus.

Fig. 10 — Serge Tchetchuline (no centro, sentado) numa das suas experiencias de fisiologia com a cabeça de um cão.

Fig. 9 — Prof. Eugenio Marzinovski, diretor do Instituto de Molestias Tropicais de Moscou.

Tarsila: os anos secretos 103

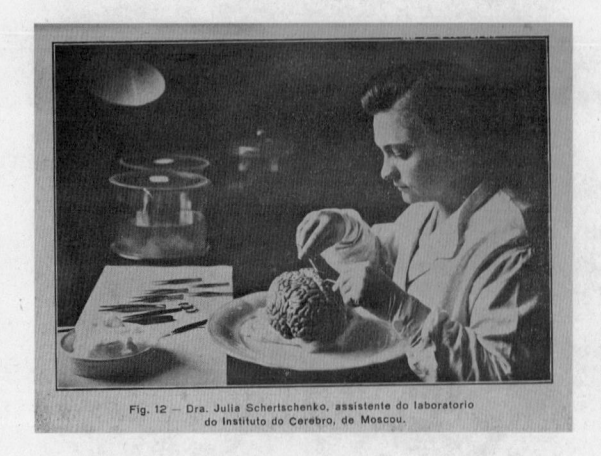

Fig. 12 — Dra. Julia Schertschenko, assistente do laboratorio do Instituto do Cerebro, de Moscou.

Imagens do livro *Onde o proletariado dirige...*, concedidas pela Biblioteca Brasiliana Guita e José Mindlin.

Foi em Leningrado que se deu também o contato com o crítico e tradutor David Vygodsky, que, a pedido do governo, escrevia um capítulo sobre a história da literatura contemporânea hispano-americana, para compor a *Grande Enciclopédia Soviética*. A tarefa não era simples. Fazia anos que Vygodsky se dedicava a reunir todo tipo de material literário da América Latina, tendo até feito um anúncio no jornal francês *Le Monde*, pedindo que escritores e poetas enviassem exemplares de suas obras para ele. O trânsito cultural entre os países era custoso e demorado, além de ser dificultado pela censura soviética (que apreendia muito dos envios que chegavam de fora do país). Por isso, estar em companhia de Tarsila e Osório era motivo de grande excitação para o estudioso; ele aproveita e lhes pede ajuda para angariar material. Osório encarou o pedido com muita seriedade, e logo escreve a Mário de Andrade, pedindo que ele envie seus livros com a "máxima urgência" e que espalhe a informação para que outros colegas também mandem suas obras para o endereço do estudioso russo[51].

---

51 CÉSAR, Osório (1931), apud AMARAL, Aracy (1999).

O esforço do governo soviético para ciceronear Tarsila e Osório valeu a pena: eles deixaram o país com a melhor das impressões. Mesmo anos depois, ambos permanecem influenciados pelo que viram por lá: Osório seguirá defendendo a causa comunista até o fim da vida; já Tarsila, embora tenha se afastado do envolvimento direto com a política, por diversas vezes expressa sua visão positiva da Rússia de Stálin em seus textos, como em 1943, quando revela a impressão de que embaixadores da cultura soviética eram valorizados pelo Estado, uma vez que "só viajam no estrangeiro com bolsa larga", ou, em 1945, quando elogia a aplicação da teoria de Pavlov nas escolas e instituições russas. Alusões à sua visão positiva do modelo comunista e das práticas revolucionárias aparecem também de forma indireta em diversas outras crônicas que a artista publica a partir de 1934, como quando sugere que o socialismo seria uma etapa avançada na evolução do progresso político, em "Maria Bashkirtseff"[52].

O momento da visita de Tarsila e Osório à URSS também contribui para a construção dessa visão otimista, pois a arte revolucionária manteve certa liberdade de criação nas primeiras três décadas do século XX e foi bastante prolífera. Mas tal liberdade termina justamente em 1931, após o Congresso de Kharkov impor limitações rígidas ao processo criativo. Nos anos seguintes, até mesmo os anfitriões Victor Serge e David Vygodsky, selecionados pelo governo para receber Tarsila e Osório, e que falaram maravilhas do país em que viviam, acabaram presos pelo regime stalinista por expressarem opiniões consideradas inconvenientes. O amigo Serge Romoff (também grafado Sergey Romov), cujo reencontro é mencionado com alegria na carta à família, foi preso em 1936 e

---

[52] Textos "Essencialmente agrícola... ", de 07/03/1943; "Reflexos condicionados", de 12/06/1945; e "Maria Bashkirtseff", de 14 de outubro de 1943, todos publicados no *Diário de S. Paulo*. AMARAL, Tarsila, apud BRANDINI, Laura (2008), p. 524, 550 e 600.

fuzilado em 1939. Ignorando qualquer controvérsia, o casal deixa a Rússia inspirado; fazem a viagem de volta a Paris atravessando pelo Mar Negro, Istambul e Belgrado. Chegam a Paris com o outono.

Uma última vez Paris

Da janela do apartamento de Tarsila era possível ver a última muralha de Paris cair. A cidade se abria para sempre. Os muros que cercavam as cidades são parte da história europeia; vilarejos e até cidades grandes costumavam ser fortificados por muros altos, que os mantinham a salvo de invasores[53]. Mas esse tipo de proteção se provou inútil diante dos ataques aéreos inaugurados na Primeira Guerra Mundial. Além do mais, Paris precisava crescer. Para fora da parede de pedra, a zona rural vinha se transformando em espaço de habitações mais simples – em certas regiões elas se acumularam, formando o que ficou conhecido como as favelas de Paris. O imóvel de Tarsila ficava nos limites internos da cidade, de onde observou a mudança dos tempos se materializar: o antigo, tendo se tornado obsoleto, perdeu o valor e passou a ser visto apenas como empecilho que atrapalhava o crescimento organizado. Concluiu-se que era preciso destruí-lo para que um empreendimento novo e útil fosse erigido em seu lugar.

Coincidentemente, foi também um projeto de engenharia que ocupou parte dos dias de Tarsila durante sua última estadia em Paris. Era a "vila dos artistas", idealizada pelo amigo pintor Robert

---

[53] Em Paris, há registros de construções feitas deste o século IV d.C., então cercando um assentamento pequeno que havia na região. Esse núcleo inicial foi crescendo, demandando que muros com circunferências maiores fossem construídos para proteger os cidadãos da Paris antiga. A última fortificação foi erguida na década de 1840 e ficou conhecida como Muro de Thiers, em homenagem a seu idealizador, Adolphe Thiers; foi essa que Tarsila viu ser demolida.

Delaunay. Delaunay havia comprado um terreno em Nesles-la-Vallée, a cerca de uma hora de Paris, onde pretendia criar uma pequena cidade de artistas. O projeto foi desenvolvido em parceria com Le Corbusier. Era um novo modelo de cidade, feito sob medida, e, além de não precisar de muros, contava com mais uma inovação: em seu centro, em vez de uma igreja, estaria um museu, onde as obras dos artistas residentes ficariam expostas. Delaunay andava promovendo sua ideia visionária aos amigos, buscando prospectar interessados em fazer parte do projeto, Tarsila e Osório foram uns dos que escutaram a proposta. Nas palavras de nossa pintora, relembrando anos depois:

> Entrou em acordo com um grupo de artistas plásticos e com eles comprou terrenos nas imediações de Paris, com o plano de ali edificar a "cidade dos artistas" (...) "Aqui fulano vai construir a sua casa, dizia ele, ali, sicrano; a minha ficará deste lado; e este grande terreno está destinado a um museu, mas um museu moderno, bem século XX, diferente de tudo que se tem visto até hoje". A construção seria muito engenhosa: uma imensa torre formada por um largo corredor subindo levemente em espiral (a torre e as espirais devem entrar nalgum complexo de Delaunay), onde os quadros poderiam ser vistos com muito mais interesse, quase isoladamente, uns ao lado dos outros (...) e a construção da torre poderia continuar indefinidamente, subindo sempre, segundo as necessidades de local para as novas aquisições artísticas[54].

O francês vivia um momento próspero: havia procura por suas obras e os negócios de tecelagem da família da esposa também iam bem. Tarsila, por outro lado, nadava em águas mais rasas: foi nessa época que vendeu seu apartamento em Paris e havia escrito há pouco a Mário de Andrade pedindo que lhe enviasse o restante do pagamento da obra *O mamoeiro*; precisava do dinheiro para pagar

---

54 AMARAL, Tarsila (1941), apud BRANDINI, Laura (2008).

impostos no mês seguinte[55]. Essa foi a primeira correspondência escrita de Paris para o amigo na qual o endereço do Boulevard Berthier não estava discriminado como remetente, sugerindo que o apartamento já pudesse ter sido vendido. Tarsila e Osório passaram os últimos meses hospedados em um hotel modesto.

Essa mesma carta continha mais uma informação importante: Tarsila contou ao amigo que andava trabalhando muito e saía pouco. Mas a qual ocupação se referia? Sabemos que não se ocupava com a pintura, pois entregou apenas uma tela em 1931 e nenhuma em 1932. Mas então, o que andava fazendo nesse tempo em Paris? Aracy Amaral registra que, por dois meses, Tarsila assumiu a ocupação de "pintor de paredes" nas obras do terreno dos Delaunay – uma passagem no mínimo inesperada na vida da grande artista. Porém essa não podia ser a ocupação a que ela se referia na carta para Mário, pois disse que não saía muito, ou seja, se ocupava de algo dentro do confinamento doméstico, e sabemos que o trabalho na "vila dos artistas" era externo e durou pouco tempo. Entre o retorno da Rússia e a partida para o Brasil, Tarsila e Osório ficaram sete meses em Paris. Sendo assim, a dúvida permanece: qual era a atividade com que ela tanto se ocupou nesse tempo?

Onde o proletariado dirige...

Esse é o livro publicado por Osório César no início de 1932 com o subtítulo *visão panorâmica da U.R.S.S.* Trata-se de um manual sobre o funcionamento do regime soviético, um resumo de tudo o que foi apresentado ao casal durante sua visita. Além do texto, o trabalho gráfico da obra chama a atenção. Ilustrações,

---

55 AMARAL, Tarsila (1931) apud AMARAL, Aracy (1999).

gráficos e fotografias são parte fundamental do livro. Sabemos que os desenhos do interior e da capa são de autoria exclusiva de Tarsila. Quanto às fotografias, existem insinuações de que a artista também tenha sido a responsável por elas[56]. Vou levantar aqui a hipótese de que ela também colaborou para o conteúdo do livro e que deve ter tido um papel central na elaboração dos infográficos, os quais, além de resumir informações complexas com proeza, têm um equilíbrio estético marcante – lembrando que tinham de ser feitos à mão. Se antes não pudemos precisar com qual atividade Tarsila esteve envolvida nesses meses finais em Paris, com o livro em mãos, parece ser possível argumentar que ela assumiu um papel importante em sua feitura. Osório dedicou o livro a Tarsila.

A obra é publicada no Brasil em meados de 1932, mas o manuscrito começara a ser escrito já durante a viagem, ao fim de cada dia de visita – Tarsila é quem nos conta isso, em sua carta de Moscou, quando revela que escrevia tanto, que teria material para um livro. Haviam trazido também muito material bibliográfico da Rússia soviética, assim Osório pôde reproduzir tabelas inteiras sobre desenvolvimento populacional, temas de saúde pública etc. A obra final lembra um grande verbete enciclopédico, com tudo o que se precisa saber para entender o funcionamento de um país. Além de apresentar os dados, Osório também descreve minuciosamente os locais por onde passaram: são cerca de 280 páginas de conteúdo. É também um testemunho da eficácia do método de propaganda usado para com visitantes estrangeiros: a cada explicação traduzida pelo médico brasileiro, é possível ouvir os ecos da narrativa soviética apresentando seu modelo como superior a todos os demais. Pelo que se sabe, o livro só teve uma edição e, atualmente, é de difícil acesso.

---

56   CAMPOS, GODOY, SOUZA (2019).

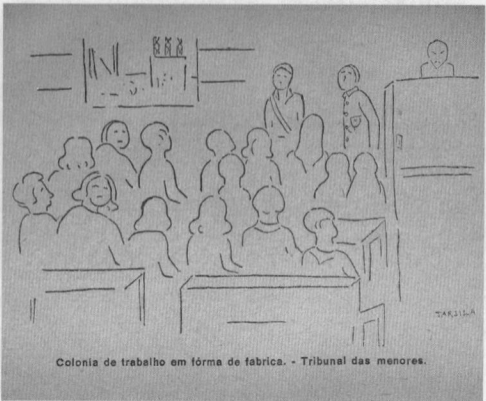

Imagens do livro *Onde o proletariado dirige...*, concedidas pela Biblioteca Brasiliana Guita e José Mindlin.

Fig. 14 — Creche para os filhos dos trabalhadores de kolkhozes.

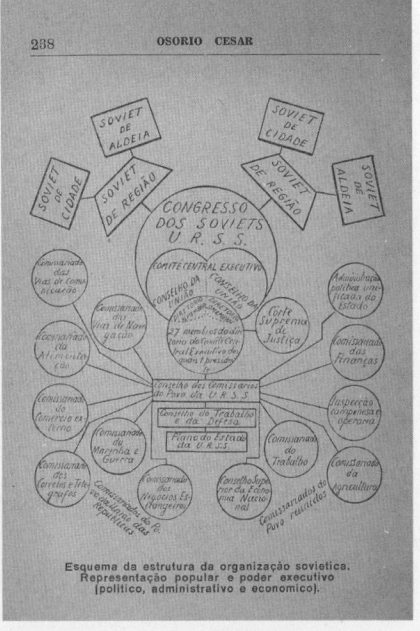

Fotografias e organogramas do livro *Onde o proletariado dirige...*, concedidas pela Biblioteca Brasiliana Guita e José Mindlin.

Tarsila: os anos secretos

Fig. 13 — Creche para os filhos dos trabalhadores de kolkhozes.

Fotografia presente no livro *Onde o proletariado dirige...*, de Osório César. Cedidos pela Biblioteca Brasiliana Guita e José Mindlin.

O livro devia estar praticamente pronto em fevereiro de 1932, data em que o prefácio da obra foi assinado. Esse prefácio foi escrito por Henri Barbusse, autor francês e notório propagador do modelo soviético, e que estava dando seu aval ao livro do brasileiro. Tarsila e Osório deixaram Paris em seguida, chegando ao Brasil em março, e logo a obra foi publicada. A primeira menção que se encontrou do livro na imprensa brasileira é de novembro de 1932, ou seja, ele foi publicado em algum momento entre abril e novembro de 1932[57].

---

57 Em muitos locais circula a informação errada de que a obra data de 1933; esse artigo comprova que ela já circulava em 1932. *Gazeta Popular*, São Paulo, n. 553 (21 nov. 1932).

A um passo de Stálin

Barbusse não era só mais um escritor francês adepto ao comunismo e disposto a prefaciar a obra de outro entusiasta. Diferentemente dos demais, ele caiu nas graças do próprio Stálin. Em 1928, escrevera um livro elogiando os métodos violentos usados por Stálin para ganhar domínio sobre a Geórgia; e em 1930, após passar um ano na URSS, publicou *Russie*, contando sobre suas experiências e tecendo mais elogios ao líder soviético. Finalmente, em 1932, foi convidado por Stálin para escrever sua biografia, o que lhe garantiu alguns encontros com o ditador[58]. Enquanto a relação entre o regime soviético e a maior parte dos artistas e escritores interessados pelo comunismo era mediada por organizações como os partidos comunistas locais ou outros subgrupos, Barbusse tinha um acesso mais direto à liderança. Foi o único intelectual europeu que esteve junto de Stálin por quatro vezes e, além de divulgar uma visão positiva daquele regime pelo mundo através de suas obras literárias, também assumiu um papel ativo na elaboração e implementação da política internacional comunista na década de 1930[59].

---

58 Henri Barbusse foi, na verdade, a segunda escolha de Stálin, que originalmente queria Maxim Gorki como seu biógrafo.

59 Essa parceria era o que permitia a Barbusse escapar com atitudes que fariam outros serem expulsos do partido. Um caso que ilustra bem a diferença de tratamento que o escritor recebia foi o seu embate com os surrealistas em fins de 1920: Henri Barbusse havia sido incumbido de criar o órgão nacional francês de artistas e escritores comunistas, mas não se prontificou a fazer a tarefa (ao que tudo indica, ele tinha pretensões maiores e soube explicar por que não iria cuidar do agrupamento). Nessa mesma época, os surrealistas haviam aderido ao Partido Comunista Francês (PCF) e passaram a acreditar que seriam eles os únicos capazes de liderar a veia cultural da revolução. Ignorando a relação de Barbusse com o escalão acima, o grupo vai confrontá-lo, o acusando de ser contrarrevolucionário por suas atitudes como diretor da revista *Monde* (não confundir com o jornal *Le Monde*). A briga é resolvida em 1931, quando ocorre a radicalização das políticas culturais do EILR (Escritório Internacional de Literatura Revolucionária) e os surrealistas se veem obrigados não só a aceitar Barbusse, mas também a renunciar ao próprio surrealismo a fim de se manterem filiados ao partido. Ver DUCOULOMBIER, Romain (2016); RIOU, Gwenn (2018); OLIVEIRA, Ângela (2021).

Eu me pergunto se Tarsila compreendia o quão perto ela estava do alto escalão do governo soviético. Quer soubesse, quer não, seu contato com Henri Barbusse a colocava no centro do movimento artístico e intelectual que trabalhava ativamente para impulsionar uma revolução comunista em países ocidentais. Além de ser um dos principais porta-vozes das diretrizes da Internacional Comunista (Comintern) na França, a biografia de Barbusse sugere que ele teve influência na formulação dessas diretrizes.

Havia um interesse em coordenar a produção cultural de artistas e escritores comunistas ao redor do mundo, que se intensificou em meados da década de 1920. Após alguns anos lidando com as diferenças entre as correntes internas dos países (as disputas que ocorriam entre as tantas vanguardas modernas de arte e literatura), o Escritório Internacional de Literatura Revolucionária (EILR) lança a sua Conferência Internacional de Escritores Revolucionários. A finalidade da conferência era reunir representantes de diferentes países, que sairiam de lá incumbidos de colocar em prática, em suas nações, um plano comum de ação. A segunda conferência ocorreu em 1931, quando linhas mais rígidas para a expressão

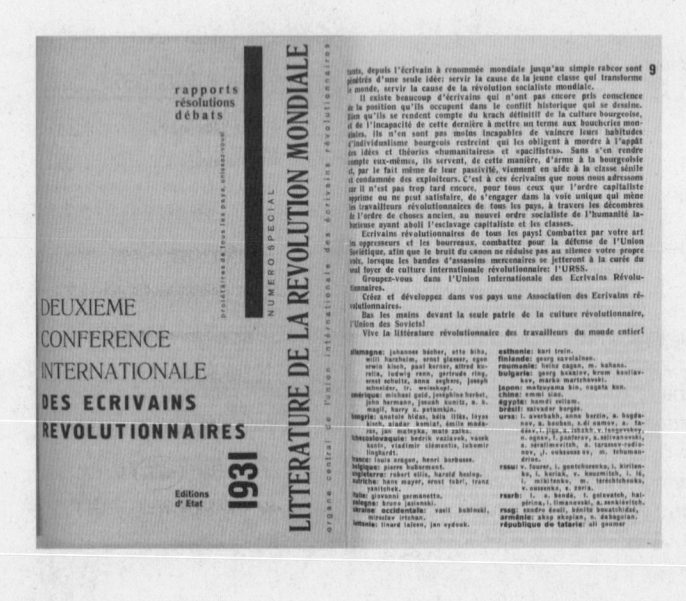

Revista do Órgão Central da União Internacional de Escritores Revolucionários. Paris, 1931.

artística são estabelecidas (no Congresso de Kharkov). Não haveria mais lugar para pensamentos dissonantes. O surrealista Louis Aragon e Henri Barbusse foram os representantes da França; compareceram ao evento junto de delegados de 25 outras regiões (inclusive do Brasil).

Ao retornarem da Rússia para a França, quase no mesmo momento em que Tarsila e Osório, Barbusse e Aragon começam a pôr em prática o plano que havia sido acordado em Kharkov: fundam a Associação de Escritores e Artistas Revolucionários (AEAR) e, junto de Romain Rolland, Barbusse organiza o Congresso de Amsterdã. Esse modelo de congresso começa a aparecer em diversos outros países após o encontro em Kharkov, era o fruto do esforço de líderes como Barbusse em organizar a movimentação de intelectuais que se colocavam ao lado da URSS. Foi nesse contexto que o posfácio de *Onde o proletariado dirige...* foi escrito.

Henri Barbusse na década de 1930. Foto: Peter Stein/ Picture alliance/ Album/ Fotoarena

Parte 5

Uma prisão, duas prisões...

Com o prefácio assinado por Barbusse e o manuscrito do livro quase pronto, Tarsila e Osório embarcam de volta para o Brasil. A chegada do casal foi anunciada no dia 13 de março de 1932[60]. Encontraram um ambiente mais hostil do que o que haviam deixado. A crise econômica e instabilidade política perduravam, fazendo do país um campo fértil para o fortalecimento de grupos de oposição ao governo Vargas (ainda sob a égide de ser uma administração provisória). A repressão do governo aumentava na mesma medida que as críticas. Viajantes que retornavam da Rússia eram um dos alvos da polícia política, que queria evitar que a ideia de uma revolução comunista ganhasse força. Nesse sentido, a bagagem de Tarsila e Osório falava por si só. Traziam livros e cartazes soviéticos, além de discos de música popular russa. "Vou munir-me de uma boa biblioteca marxista para estudar bastante", explica Tarsila na carta que enviou à sua mãe. Foram presos pouco depois da chegada, ela por apenas um dia, Osório por um mês.

Essa foi a primeira vez que nossa artista passou por um presídio, mas não seria a última. Embora as biografias de Tarsila (até hoje) só tratem de uma detenção, descobrimos que houve pelo menos duas. Graças a uma entrevista de Osório César, dada em 1979 para o jornal *Folha de S. Paulo*, ficamos sabendo desse primeiro evento[61]. O outro episódio de encarceramento é mais conhecido, ocorreu após o levante, em São Paulo, da Revolução Constitucionalista de 1932, iniciado em julho daquele ano. Muitos artistas e escritores que criticavam os rumos da administração de Vargas foram presos nessa ocasião; Tarsila ficou confinada por cerca de um mês. Como ela se recusava a falar do ocorrido, esse tempo mais longo na prisão veio à

---

60 "Tarsila do Amaral". *Diário Nacional*, n. 1409 (13 mar. 1932).
61 KAWALL, Luiz. *Folha de S. Paulo*, n. 18393 (12 ago. 1979).

luz na voz de Eneida de Moraes, sua amiga e parceira de cela, que revelou para Aracy Amaral: "Não posso me esquecer da figura do pai de Tarsila. Esta, agarrada à prisão, dizendo ao pai do lado de fora: 'Papai, peça ao dr. ..., ao dr. ... que me tirem daqui!'. E ele respondendo: 'Minha filha, não se pede! Viva a dignidade da prisão'".

Para além do episódio do encarceramento, existem poucos registros das movimentações de Tarsila em 1932. Na imprensa, após o anúncio de retorno ao Brasil, seu nome só volta a aparecer no fim do ano. O hiato de tempo fora dos holofotes se explica também, em parte, pela instabilidade política do país que acabou dominando os noticiários. Geraldo Ferraz atesta que os jornalistas só voltaram a cobrir eventos culturais em fins de novembro, com a criação do Clube dos Artistas Modernos (CAM), do qual Tarsila fazia parte. Antes disso, os temas de arte estavam em segundo plano por causa da Revolução Constitucionalista (que foi abafada em outubro). Sabemos também que houve o lançamento do livro de Osório em 1932, e é preciso notar que, dado o cenário de luta armada nas ruas de São Paulo, finalizar, imprimir e divulgar *Onde o proletariado dirige...* foi um ato ousado. É impossível saber o quanto Tarsila participou dessa etapa do processo, mas sem dúvida viveu a tensão de estar envolvida com tal projeto.

O relato de Eneida pode deixar a sensação de que a amiga ficou muito impactada por ter sido presa, mas talvez isso não seja bem certo, pois, como veremos, a dedicação de Tarsila para a propagação da ideologia comunista vai só aumentar no ano seguinte. E essa movimentação não passou despercebida pelo Departamento de Ordem Política e Social (DEOPS), que começa a monitorá-la de perto nesse período; 1933 foi, de fato, o ano que ela mais se dedicou às atividades de militância, tornando pertinente a questão: teria havido outras passagens pela polícia? Como Tarsila se recusava a falar do assunto e os registros dos encarceramentos estão ausentes de sua ficha na polícia, não temos como saber por essas fontes. Para reconstituir esses eventos, seguimos contando com os relatos alheios, o que, até o momento, nos permite reafirmar que Tarsila foi presa, pelo menos, duas vezes.

A ficha de Tarsila no DEOPS – o agente Guarany

> Incontroversamente, a Sra. Tarsila do Amaral é a maior e mais arrojada comunista dentre todas as comunistas nacionais. É a maior porque impressiona e quase converte todos que a ouvem. É também a mais arrojada, porquanto os seus parceiros procuram sempre arrabaldes e lugares ocultos para pregarem o comunismo, ao tempo em que ela se serve de salões nobres, onde, sem rodeios, ensina teórica e praticamente a doutrina vermelha[62].

Sua atuação era no campo das ideias, da propaganda. Junto de outros formadores de opinião, Tarsila disseminava o modelo comunista como a melhor alternativa para a situação de crise que a sociedade brasileira enfrentava. Tudo o que viu na Rússia (filtrado por guias e tradutores autorizados pelo governo soviético), em conjunto com os conceitos que aprendeu em livros e discursos de colegas, a fazia crer que o caminho rumo a um futuro mais livre e justo passava pelo comunismo. Em encontros íntimos ou eventos organizados, contava de suas experiências, explicando conceitos da teoria marxista e sobre o aparelhamento do fazer artístico em torno dessa causa. Falas como essas foram especialmente acolhidas no Clube dos Artistas Modernos e no Comitê Antiguerreiro (organização de que trataremos adiante).

O número de interessados aumentava, fazendo crescer também a preocupação do governo. Para obter mais informações, a polícia resolve implantar um agente secreto naquele meio, a fim de

---

[62] Prontuário Tarsila do Amaral, n. 1680. Acervo DEOPS do Arquivo Público do Estado de São Paulo.

investigar de perto a movimentação. Foi assim que entrou em ação o "agente Guarany", que atuava exclusivamente no monitoramento de artistas e intelectuais envolvidos com as ideias comunistas. Fingindo interesse pelas propostas discutidas, ele logo se infiltra e passa a circular com naturalidade. Aproximou-se de Tarsila e Osório, estando presente em grande parte dos eventos que os dois participavam, desde reuniões das uniões trabalhistas até as exposições do CAM. Os documentos do prontuário de Tarsila revelam que membros de sua família foram abordados, como o primo Silvio Amaral (também grafado Salvio no arquivo), e o irmão Milton. O agente tentou também participar de uma reunião íntima na casa de Dona Olívia Guedes Penteado, mas não conseguiu. A liberdade de ação do agente Guarany indica que ele não ficava apenas como um figurante, observando ao longe, mas conviveu diretamente com a artista.

Hoje as anotações do DEOPS funcionam também como registro histórico das atividades de Tarsila e seu universo naquele período, pois revelam um pouco sobre onde ela ia e o que era debatido. Em seu arquivo há, por exemplo, transcrições de palestras em que se explicava exatamente como fazer propaganda por meio da arte, e a importância desse recurso "como agente excitante das massas". O agente também colocava em seus relatórios os nomes dos participantes dos eventos, dentre eles: Jayme Adour da Câmara, Geraldo Ferraz, Flávio de Carvalho, Di Cavalcanti, Portinari, Lasar Segall, Paulo Rossi, Quirino, Lívio Abramo e outros. Através dessas listas, o reservado Guarany acabou dando não só uma amostra do círculo de amizades de Tarsila, mas também revelando a extensão que o interesse pelas ideias comunistas alcançava no meio cultural brasileiro de então.

A atuação política de Tarsila durou menos que a de outros colegas; talvez isso explique o tamanho reduzido de seu prontuário, que ao todo contém menos de vinte páginas (muitas das quais são reescrituras feitas em 1946 das originais dos anos 1930). Mas existem também algumas defasagens que parecem decorrer de erros de arquivamento, como a perda de anexos mencionados nos relatórios, mas que já não se encontram mais na pasta. Além disso, chama a atenção o fato de não haver nenhuma informação sobre as detenções da artista, embora saibamos que tenham ocorrido.

Curiosamente, o mesmo tipo de omissão se repete com a ficha de Oswald de Andrade, e de forma ainda mais drástica, pois esse prontuário está quase vazio, e ele, como é sabido, esteve envolvido com o Partido Comunista Brasileiro mais diretamente e por mais tempo do que Tarsila. Nesse sentido, as fichas de Osório César e Pagu, por exemplo, são bastante diferentes: fartamente recheadas de detalhes, artigos de jornal anexos e com as ordens de prisão devidamente anotadas, inclusive com datas, fotos, impressões digitais etc.

Poderia ter havido alguma intervenção na hora de efetuar (ou manter) as anotações de Tarsila e Oswald? E por que isso ocorreria com eles e não com os outros? Talvez isso se explique pela ascendência dos dois. Ambos de famílias paulistas tradicionais, as quais mantiveram influência nos governos que se seguiram à Primeira República e, quem sabe, tenham atuado para garantir que as fichas deles na polícia permanecessem "limpas". Se houve realmente intenção em apagar os registros, não podemos afirmar com certeza, mas existem motivos para suspeitar. Por fim, ficamos sabendo que as atividades de Tarsila passaram a ser monitoradas mais de perto a partir do ano de 1933, e esse monitoramento cessou em 1937.

Ficha do Departamento de Ordem Social com registro do histórico de Tarsila.

Ficha do Departamento de Ordem Social com registro do histórico de Tarsila.

```
        GABINETE DE INVESTIGAÇÕES
               SÃO PAULO
               ———
```

S. Paulo, 30 de 7 de 1933.

INFORMES RESERVADOS

        Incontestavelmente, a Sra. TARSILA DO AMARAL é a maior e mais arrojada communista dentre todas as communistas nacionaes. É a maior porque impressiona e quasi converte todos que a ouvem. É tambem a mais arrojada, porquanto os seus parceiros procuram sempre arrabaldes e lugares occultos para pregarem o communismo, ao tempo em que ella se serve de salões nobres, onde, sem rodeios, ensina theorica e praticamente a doutrina vermelha.

        TARSILA está munida de todos os petrechos de propaganda communista. Seu "museu" é extraordinario, é além da espectativa; são discos, musicas, quadros, jornaes, revistas, etc, hontem, por exemplo, expostos á curiosidade publica.

        Junto envio a essa Delegacia um recorte do DIARIO DE S. PAULO, que me poupa de descrever a sua oração, visto ser copia nitida do original, fornecida á imprensa por Jayme Adour da Camara.

        No salão, que esteve lotadissimo, notei a presença entre muitos outros conhecidos elementos dos seguintes: Pizzuti, Ristor, Pedroso, etc.

        O Reservado Guarany.

```
             GABINETE DE INVESTIGAÇÕES
                    SÃO PAULO

    RELATORIO RESERVADO                          COPIA


              CLUBE DOS ARTISTAS MODERNOS, rua Pedro Lessa, nº 2.

                        Houve hontem, no salão do Clube dos Artistas Mo-
    dernos, a mais moderna das propagandas communistas. Os meios empre-
    gados pelos "artistas" são silenciosos, subtis. Não inspiram curio-
    sidade, mas quem entra la sae pensativo. Suas paredes são decoradas
    por cartazes emblematicos; mostram os effeitos do plano quinquenal,
    como vivem, os communistas, na Russia e outras demonstrações que in
    citam os outros povos a imitarem aquelle paiz.
                        Quando cheguei no salão, tratei de fazer camara-
    gem com uma dama, da qual tive a opportunidade de ser vizinho de po
    trona, notando que seus traços physionomicos não eram de uma dama n
    cional. Entabolei conversas com a mesma. Disse-me que era de nacion
    lidade russa, mas naturalisada franceza. Foi ella quem me traduziu
    alguns cartazes russos, xx e quaes as suas significações.
                        Iniciando a reunião, Dr. Flavio de Carvalho assim
    apresentou um orador:" Apresento-vos o homem que viveu durante vin-
    te annos com os indios e que irá dizer coisas que,se aqui estiver u-
    ma autoridade da Ordem Social, certamente irá parar na gaiola." O
    apresentado é um tal HALEMBECK, o qual começou historiando factos i
    digenas; Durante a sua oração mostrou os quadros russos e disse que
    os mesmos haviam sido trazidos da Russia pela brava communista TAR-
    SILA DO AMARAL. Fez comparações entre a vida dos indios e dos russo
    e sobre estes fez explanações de propaganda. Notou-se que o orador
    é pelo menos sympathisante do regime sovietico
                        Naquelle ambiente, tem-se a impressão de viver no
    meio de russos. Até os garçons do bar trajam blusa russa ou imita-
    ção e os cartazes russos expostos naquella sede são de caracter pol
    tico alguns.
                        No proximo dia 24, o escriptor JYAME ADOUR DA CAM
    RA falará sobre-"A vontade de um povo" e Tarsila do Amaral, no dia
    29, sobre o thema "Arte Proletaria".

                                       S. Paulo, 18 de Julho de 1933.

                                          (a) Guarany.
```

Reprodução fotográfica do Prontuário de Tarsila do Amaral, n. 1680.
Acervo DEOPS do Arquivo Público do Estado de São Paulo.

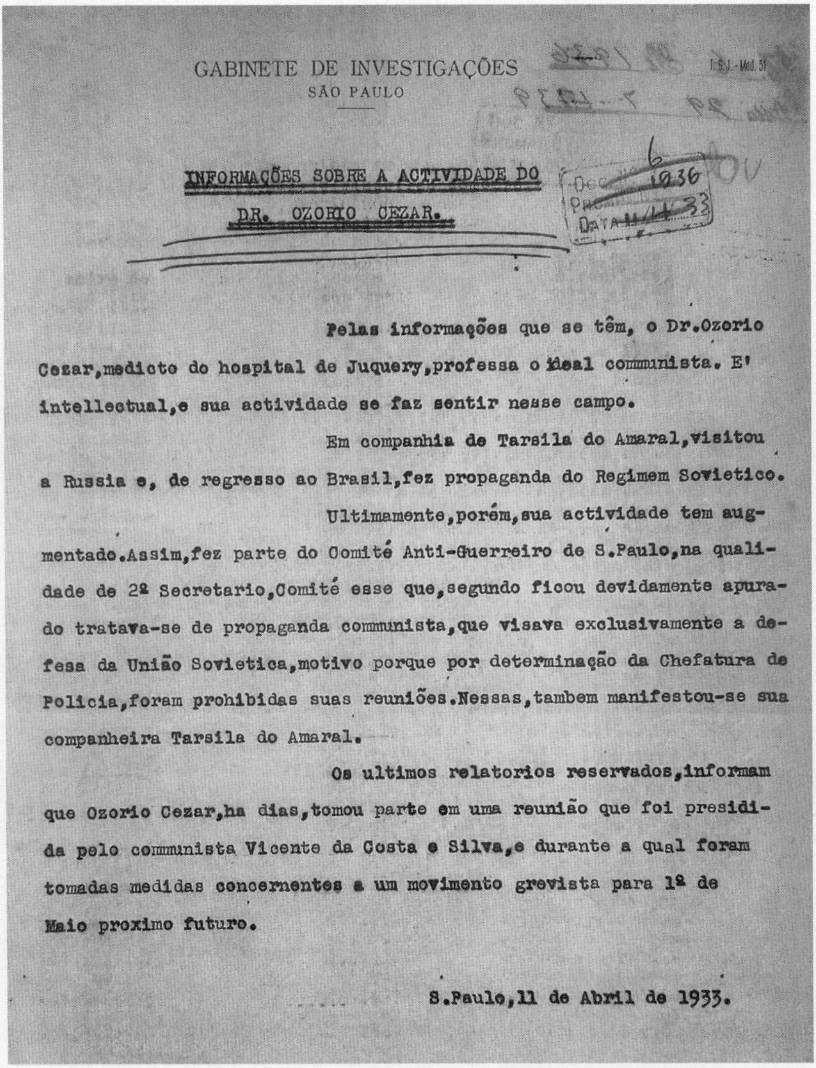

> GABINETE DE INVESTIGAÇÕES
> SÃO PAULO
>
> INFORMAÇÕES SOBRE A ACTIVIDADE DO
> DR. OZORIO CEZAR.
>
> Pelas informações que se têm, o Dr.Ozorio Cezar, medico do hospital de Juquery, professa o ideal communista. E' intellectual, e sua actividade se faz sentir nesse campo.
>
> Em companhia de Tarsila do Amaral, visitou a Russia e, de regresso ao Brasil, fez propaganda do Regimem Sovietico.
>
> Ultimamente, porém, sua actividade tem augmentado. Assim, fez parte do Comité Anti-Guerreiro de S.Paulo, na qualidade de 2º Secretario, Comité esse que, segundo ficou devidamente apurado tratava-se de propaganda communista, que visava exclusivamente a defesa da União Sovietica, motivo porque por determinação da Chefatura de Policia, foram prohibidas suas reuniões. Nessas, tambem manifestou-se sua companheira Tarsila do Amaral.
>
> Os ultimos relatorios reservados, informam que Ozorio Cezar, ha dias, tomou parte em uma reunião que foi presidida pelo communista Vicente da Costa e Silva, e durante a qual foram tomadas medidas concernentes a um movimento grevista para 1º de Maio proximo futuro.
>
> S.Paulo, 11 de Abril de 1933.

Prontuário de Osório César, n. 1936, volume 1, Acervo DEOPS do Arquivo Público do Estado de São Paulo. MENDES, Neusa (2018).

A SPAM e o Carnaval

Tarsila começa 1933 também como membro fundador da Sociedade Pró-Arte Moderna (SPAM). Criada em dezembro de 1932, a organização é fruto de uma ideia antiga de Mário de Andrade de ter um espaço destinado à arte moderna em todas as suas vertentes. Fazia algum tempo que Mário vendia o conceito aos amigos, e finalmente ele se concretizou após a agitação política que tomou conta do país até o fim daquele ano. Gregori Warchavchik, Mário de Andrade, Dona Olívia Guedes Penteado e Lasar Segall foram os mais envolvidos com a SPAM ao longo desse primeiro ano, mas a fundação da sociedade também incluiu Anita Malfatti, Paulo Prado, Menotti Del Picchia, Yan Almeida Machado, Antônio de Alcântara Machado e, claro, Tarsila.

A primeira grande ação que a SPAM escolhe fazer é uma inusitada festa de Carnaval, realizada em fevereiro de 33, no Palácio do Trocadero de São Paulo. Lasar Segall foi o idealizador do evento que converteu o palacete no que seria uma minicidade moderna. Havia lugar para um circo, zoológico e presídio; cada cômodo oferecia uma experiência diferente. Os sócios da SPAM atuavam como personagens naquele mundo de fantasia. O baile foi um sucesso e se repetiu no ano seguinte, mais uma vez tendo Segall à frente.

Panfleto do Carnaval da SPAM 1933. Instituto John Graz.

Mas teria Tarsila se animado com a festança burlesca? Na verdade, parece que ela não se envolveu muito com o evento. Embora alguns jornais da época anunciem que a artista participava ativamente das decorações, no panfleto oficial da SPAM não há menção ao nome de Tarsila. E, como vimos, os acontecimentos daquele ano agitado indicam que a pintora estava com sua atenção voltada para outros assuntos.

A Internacional Comunista e o argumento pacifista

Enquanto seus parceiros da SPAM se divertiam criando uma experiência lúdica para o Carnaval de 1933, Tarsila e Osório lidavam com temas mais terrenos, tendo tomado a frente de um novo agrupamento: o Comitê Antiguerreiro de São Paulo. Essa organização é anunciada no dia 7 de fevereiro, em uma matéria de primeira página no *Correio de S. Paulo*[63]; e é exatamente nesse momento que Tarsila começa a ser monitorada pelo DEOPS.

Esse tipo de comitê estava sendo criado simultaneamente em diversos outros países, sob o pretexto de formar uma frente única

---

63 CORREIO DE S. PAULO, n. 204 (07 fev. 1933).

de ação contra guerras, mas o que não se assumia com clareza era o vínculo que tinham com a Internacional Comunista (Comintern) – órgão do regime soviético para disseminação do comunismo pelo mundo. A conexão em escala global também não era de todo escondida. O próprio comitê deixava claro seu vínculo com o Comitê Mundial de Luta contra a Guerra, o qual, por sua vez, eles contam ter sido "fundado por iniciativa de Henri Barbusse e Romain Roland, contando com o apoio de Maxim Gorki, Upton Sinclair, Einstein, Bertrand Russel, etc."[64].

Apesar de o endosso de Barbusse e Gorki tornar a ligação com o regime soviético um tanto evidente, ainda cabe a dúvida se, na época, todos que apoiaram os comitês tinham absoluta clareza desse vínculo[65]. Mas para o DEOPS não restavam dúvidas, e o envolvimento de Tarsila com a organização era um atestado de suas ligações com o regime de Stálin. Ao analisar essas informações com a distância do tempo, vemos que na lista de apoiadores dos comitês já havia indícios suficientes para levantar suspeitas sobre as reais intenções da organização. Vejamos:

Romain Rolland: escritor francês, grande apoiador de Stálin, manteve relação próxima com o ditador. Uma passagem curiosa que implica Victor Serge (o acompanhante de viagem de Tarsila e Osório na URSS) é que, após ele ter sido preso pelo regime stalinista, Rolland interveio em sua defesa, ajudando na soltura do colega. No entanto, os dois romperam a amizade, pois Rolland, mesmo sabendo da perseguição praticada pelo governo soviético, seguiu

---

64 CORREIO DE S. PAULO, n. 222 (02 mar. 1933)

65 O nome oficial da organização era Comitê Internacional Contra a Guerra Imperialista e o Fascismo, mas, em uma tentativa de disfarçar seu vínculo com a URSS, excluíam a palavra "imperialista" em certas publicações, bem como tiveram cuidado de não divulgar os nomes de outros russos envolvidos, além de Gorki. LEWY, Guenter (1990).

apoiando o ditador, enquanto Serge, vítima da perseguição, não pensava mais da mesma forma.

Maxim Gorki: escritor russo, notório apoiador dos bolcheviques e de Lênin, foi uma voz importante na oposição ao czarismo. Viveu parte da vida exilado, mas voltou à Rússia em 1932 a convite de Stálin. Embora sustentasse certas objeções às ações do ditador, viveu na URSS até o fim da vida, em 1936.

Upton Sinclair: escritor e político norte-americano. Foi membro do Partido Socialista até 1934, quando mudou para o Partido Democrata, num movimento puramente estratégico, após ter percebido que o termo "socialismo" não era bem-aceito em seu país. Ficou famosa sua observação: "*The American people will take socialism, but they won't take the label*" (O povo americano vai aceitar o socialismo, embora recusem o título).

Bertrand Russell: matemático e filósofo inglês. Dentro do grupo de intelectuais listados como apoiadores dos comitês, ele e Einstein foram os que mais enxergaram os problemas de violência do regime em andamento na URSS à época. Embora apoiasse publicamente algumas medidas socialistas, era crítico das teorias de Marx e da filosofia de Hegel (chamando ambas de não científicas).

Albert Einstein: Einstein viveu em primeira mão a crescente violência nazista na Alemanha; em 1932 deixou seu país natal após receber ameaças à sua vida, indo morar nos Estados Unidos. Foi um defensor do pacifismo, e pensava que uma organização mundial com regras gerais seria o melhor modelo para se obter paz.

(Nos eximimos de citar Henri Barbusse, pois já falamos de sua pessoa.)

Em nome do progresso - Lei Áurea e o sufrágio feminino

Ao assumirem a implementação do comitê paulista, Tarsila e Osório deixaram de ser meros simpatizantes das ideias comunistas, passando a agir de forma coordenada pelos interesses do regime soviético. Na primeira nota publicada pela organização, são os nomes do casal e de Maria Lacerda de Moura (escritora identificada com o movimento anarquista-feminista)[66] que aparecem como líderes eleitos do órgão, indicando o protagonismo que assumiram naquele momento. Há registros de que Tarsila ocupava o cargo de vice-presidente, Maria Lacerda era presidente, e Osório, 2º secretário[67].

Nesse momento não há como negar que a artista esteve realmente implicada em uma trama política de proporção internacional, mas antes de tirar grandes conclusões sobre sua relação com os soviéticos e o comunismo de forma geral, é preciso lembrar que a atuação no comitê durou pouco tempo e que não temos como saber o quanto ela estava a par dos planos da Comintern.

Há ainda outros fatores em ação naquele momento e que ajudam a compreender as escolhas de Tarsila: a abolição da escravatura e o sufrágio feminino haviam sido conquistados recentemente e eram exemplos vivos de avanços das sociedades. Esses eventos, ao mesmo tempo que simbolizavam reformas positivas, atestavam que o modelo antigo era falho. Partindo dessa observação, muitos

---

66 CORREIO DE S. PAULO, São Paulo, n. 222 (02 mar. 1933)

67 TSN/Arquivo Nacional, Apelação n. 94, Ozório Thaumaturgo Cézar, BR RJANRIO C8.0.APL.92, v. 2, p. 149, apud Horta Filipe. O presídio político da ilha Anchieta (1931-1942): comunistas, "indesejáveis" e "trabalhadores" sob sigilo em Ubatuba. São Carlos: Universidade Federal de São Carlos, 2020. p. 175.

acabaram convencidos de que seria possível criar um modelo novo, livre de falhas; verdadeiras utopias idealistas.

Fazia mais de quatro décadas que o Brasil havia decretado o fim da escravidão, e o impacto dessa mudança seguia reverberando com força e fomentava outros debates. Tarsila vai tratar do tema em seus textos, dizendo: "O Brasil já estava maduro nos seus ideais de fraternidade: a libertação dos escravos foi recebida com entusiasmo e alegria"[68]. O voto feminino, por sua vez, era a conquista mais recente (fevereiro de 1932). E foi justamente uma amiga íntima de Tarsila que ocupou papel central no processo: Dona Olívia Guedes Penteado – no mesmo ano ela também se envolveu com o levante constitucionalista, ajudando no auxílio às famílias de combatentes. O debate sobre o papel social da mulher estava em alta e, embora não houvesse consenso em todos os aspectos, a conquista do poder de voto foi vista como um ganho pela maioria.

Uma apropriação do feminismo

Não foi à toa que, no comitê, Tarsila escolhesse se incumbir da ala denominada Comitê das Mulheres.

Em março de 1933, ela profere a palestra "A mulher na luta contra a guerra" no Congresso Antiguerreiro Latino-americano, no Uruguai. Um resumo de sua conferência foi publicado pelo jornal *Justicia*, em 9 de março, onde se lê:

> A delegada brasileira e conhecida pintora leu uma interessante conferência sobre a mulher na guerra. (...) Relatou acontecimentos que ocorreram durante a última luta armada no Brasil e logo passou

---

68 AMARAL, Tarsila (1949), apud BRANDINI, Laura (2008).

a se referir à situação da mulher na União Soviética (...) terminou fazendo um caloroso apelo às mulheres operárias, camponesas e intelectuais para que participassem das grandes ações de luta contra a guerra[69].

A data do discurso é um dado relevante. Pelo menos desde 1910 a comemoração do dia das mulheres no 8 de março foi encarada por grupos socialistas como uma ferramenta de militância ligada às propostas de uma revolução nos moldes marxistas[70]. O discurso de Tarsila ocorre um dia antes, no 7 de março, e o tema da participação da mulher em um processo revolucionário era evidente.

A luta legítima por melhores condições e direitos iguais estava se confundindo com o discurso pela tomada de poder. Uma das mensagens da Comintern dizia, "Aos camaradas encarregados do trabalho entre mulheres", que mobilizassem apoio em nome da "jornada de sete horas, proteção delas [mulheres] como mão de obra, proteção à maternidade, instalação de creches e 'trabalho igual, salário igual'" – é difícil encontrar quem chame isso de radicalismo. Porém essa era apenas parte de suas intenções, o que constava nos panfletos, mas o que não diziam abertamente era que "O programa geral incorporou a necessidade da luta revolucionária 'independente da conquista de reinvindicações'"[71].

---

69 JUSTICIA (1933), apud AMARAL, Aracy (2010).

70 "(...) o partido se esforçava por tributar o dia 8 de março como uma jornada de lutas das mulheres. (...) o debate sobre a mulher trabalhadora provinha da alta direção que orientava para uma organização bem executada do 8 de março (...)". FRACCARO, Glaucia (2018). Ver também GONZÁLEZ, Ana (2010).

71 FRACCARO, Glaucia (2018), p. 64.

Contra (algumas) guerras

O argumento pacifista era outro que atraía muitas pessoas para os comitês. Colocar-se contra a violência de regimes déspotas é necessariamente um chamado de grande alcance, e que ganhava ainda mais força nos anos entreguerras. Mas mais uma vez o discurso não revelava todos os motivos do empreendimento. Como veremos, apesar de o nome da organização sugerir a causa não beligerante, seu plano de ação logo se distancia do pacifismo.

Em uma das primeiras reuniões da organização, Maria Lacerda de Moura foi rechaçada justamente por criticar o uso da violência de forma abrangente; ela havia se colocado de fato contra *todas* as guerras. Porém, os oradores seguintes se opuseram àquela concepção, deixando claro que, se o objetivo fosse a implementação de seus ideais, o uso da força não estava descartado: "Cumpre notar que os trabalhos do Comitê se orientam por um rumo eminentemente prático, perdendo a feição platônica e sentimental do velho pacifismo"[72].

---

72 CORREIO DE S. PAULO, n. 222 (02 mar. 1933).

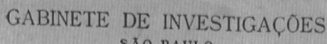

Reprodução fotográfica do Prontuário de Tarsila do Amaral, n. 1680.
Acervo DEOPS do Arquivo Público do Estado de São Paulo.

Mais uma vez, partindo de causas incontroversas, passa-se a defender doutrinas heterodoxas – dessa vez, em nome do pacifismo se tornava justificável fazer uso da violência. Há quem defenda que artistas e intelectuais de vanguarda, como Tarsila, estavam particularmente suscetíveis a esse tipo de convencimento, por haver uma afinidade entre o discurso dessas vanguardas e o argumento de grupos revolucionários: ambos partem da capacidade de ver as limitações dos modelos antigos (seja na arte, seja em regimes políticos), para embasar sua crença no processo de renovação[73]. Mas o

---

73 Destaco o estudo do professor britânico Roger Griffin sobre a relação entre o modernismo artístico e as ideologias políticas totalitárias que ganhavam força na primeira

grande divisor de águas estava na execução desse projeto, uma vez que constatar que havia falhas nos velhos modelos era fácil; mas como corrigi-las? Alguns sugeriam reformas; outros, revoluções.

Na arte, a escolha pela revolução acarretava consequências menos drásticas e, de fato, essa foi a opção de muitos movimentos modernos, como antropofagia, surrealismo, dadaísmo, futurismo etc. Os padrões clássicos acadêmicos passaram a ser vistos apenas como obstáculos à livre expressão, e entendeu-se que precisavam ser destituídos, para que uma nova e melhorada arte surgisse. Bastava, portanto, transpor esse raciocínio para a esfera da organização social, e logo se tinha o argumento em defesa de uma revolução política: o modelo antigo é caracterizado como o grande causador de conflitos e, em nome de uma sociedade idealmente melhor, se fazia imperativo acabar por completo com o velho sistema.

Em Montevidéu

Tarsila e Osório estavam em Montevidéu na condição de delegados, representantes do comitê brasileiro no primeiro Congresso Latino-americano Contra a Guerra. O evento abre com uma fala de Aníbal Ponce que não tarda em identificar o modelo capitalista

---

metade do século XX. Sua pesquisa se concentra especificamente nos regimes de Hitler e Mussolini, mas ele diz que a análise também serve, em grande parte, para compreender a aproximação dos modernos com o comunismo: "É claro que existe grande afinidade entre o comunismo e o nacionalismo, por serem ambas ideologias totalitárias".

Sobre a transposição da lógica que embasava a arte moderna para o discurso político, ele diz: "[Há] Por um lado, o papel desempenhado na literatura e cultura moderna pelas ficções 'apocalípticas' preocupadas com a decadência do mundo contemporâneo, seu senso de permanente transitoriedade e crise, e a necessidade de renovação. Por outro lado, a correlação dessas ficções nas ideologias de movimentos sociais e políticos modernos inclinados em curar a sociedade de sua suposta corrupção e decadência" (tradução livre). GRIFFIN, Roger (2007), p. 8.

como o único responsável pelos conflitos do mundo, ou seja, o grande inimigo a ser combatido: "As guerras atuais são a consequência necessária do capital alcançando a fase imperialista"[74]. Na ocasião também foi lido um telegrama de Luís Carlos Prestes, enviado da URSS, em apoio aos participantes[75]. A articulação da Comintern se tornava mais evidente.

Barbusse esteve envolvido com a organização do Congresso, ao mesmo tempo que fomentava a expansão da Associação de Escritores e Artistas Revolucionários[76]. Esses esforços renderam, por exemplo, a criação da Confederação dos Trabalhadores Intelectuais do Uruguai (CTIU), fundada naquele mesmo ano, e que teve como um dos apoiadores o pintor mexicano David Alfaro Siqueiros.

Tarsila e Siqueiros se conheceram durante o Congresso. A condição dos dois era similar: artistas de vanguarda do Novo Mundo e que, na época, passaram a colaborar com organizações vinculadas ao regime soviético. No ano seguinte ele esteve no Brasil, e Tarsila escreve sobre o amigo em sua segunda crônica para jornal. No texto, ela reflete sobre a produção artística em momentos de crise econômica e algumas de suas colocações soam autobiográficas: "A falta de convicção, a dúvida, a angústia do artista

---

[74] Aníbal Ponce era presidente da comissão organizadora do evento. WANSCHELBAUM, Cinthia (2018), p. 1-17.

[75] Este documento se encontra no Acervo Público do Estado do Rio de Janeiro. O órgão público resume o conteúdo da seguinte forma: "Cópias digitais e impressas encaminhadas pelo Arquivo do Estado Russo de História Política e Social referem-se às saudações dirigidas aos participantes de congresso antimilitarista realizado em Montevidéu em 1933, caracterização do Exército Vermelho como organização do proletariado mundial, distinto de um exército capitalista, e análise da situação do Brasil, ressaltando a organização do proletariado (Bloco Operário e Camponês e Aliança Nacional Libertadora), estes dois últimos documentos datados de 1935". Fundo Luiz Carlos Prestes (LC) (2012), p. 8.

[76] Com a ajuda do argentino Manuel Ugarte, Henri Barbusse enviava cartas da Europa para os intelectuais latino-americanos propondo que fizessem tal mobilização. Ver OLIVEIRA, Ângela (2013).

no momento de inquietação e instabilidade que atravessamos, são sintomas precisos de que a vida passará por uma transformação radical"[77].Tarsila pondera sobre quais seriam as possíveis respostas diante das adversidades, e conclui que existem aqueles que vivem em uma "recusa a adaptar-se às circunstâncias", e os mais esclarecidos, como Siqueiros, que produzem uma arte em resposta aos acontecimentos conjunturais. Aproveita para criticar o tipo de artista que "sonha ainda com a arte pela arte" (em oposição àquele que faz arte com propósito), dizendo que são incapazes de perceber que o artista, de fato, "sempre agiu em consequência do regime econômico".

Esse encontro dos universos artístico e político parece ter animado as reflexões de Tarsila naquele período. Mas uma observação de Osório César sobre a participação da companheira no congresso pode indicar que havia certa dissonância entre sua pessoa e o lugar que estava ocupando: "Em 1933 fomos juntos a um congresso em Montevidéu, onde constatei que ela não se integrava no meio proletário, parecia além de suas possibilidades"[78].

No Clube dos Artistas Modernos

De volta ao Brasil, há um silêncio na imprensa sobre os comitês, o qual perdura até o fim do ano; era um período de transformação. Nesse meio-tempo, outros afazeres: em abril é aberta a primeira exposição da SPAM, que contou com obras de Tarsila e, em junho, obras dela também figuram em um evento da Fundação Graça

---

77 Texto "Um grande artista", publicado em 17 dez. 1934, no *Diário de S. Paulo*. AMARAL, Tarsila (1934), apud BRANDINI, Laura (2008), p. 47.
78 AMARAL (2010), p. 372.

Aranha, no Rio de Janeiro. Ainda no primeiro semestre, Tarsila e Osório vão assistir à palestra de Florentino de Carvalho (pseudônimo do anarquista espanhol Primitivo Raymundo Soares), no Centro de Cultura Social[79]. Como este último compromisso indica, o meio cultural seguia amplamente permeado pelo debate político, e o Clube dos Artistas Modernos (CAM) será um dos principais palcos dessas discussões.

Em comparação à SPAM, pode-se dizer que o CAM era mais agitado e menos solene. Curiosos e interessados de forma geral se sentiam à vontade para frequentar a sede, que se tornou um ponto de encontro cheio de vida, onde debates calorosos se estendiam por horas. Inicialmente, as apresentações musicais e exposições eram ensejos para que os sócios discursassem para o público, tratando dos *insights* que as obras provocavam. Mas, com o tempo, as conferências ganharam importância como eventos em si, e passaram a ocorrer independentemente de haver concertos ou *vernissages*. No bar do CAM, o palanque passou a fazer parte da rotina, bastava haver público interessado presente. Flávio de Carvalho e Jayme Adour da Câmara frequentemente tomavam a palavra.

Aquele era o ambiente perfeito para expor os cartazes que Tarsila havia trazido da União Soviética. Uma mostra foi organizada e culminou em palestras como a de Jayme Adour, intitulada "A vontade de um povo", e de Caio Prado Júnior, "A Rússia de hoje". Esta última teve tanto sucesso que precisou ser repetida; para o segundo evento, o CAM se apressou a anunciar que os lugares dos sócios estavam garantidos, dada a preocupação com a lotação do espaço.

Já a palestra da própria Tarsila, intitulada "A arte proletária", além de tratar dos cartazes, também contou com a execução

---

79 A presença de Tarsila e Osório é mencionada no arquivo do DEOPS da artista. Evento anunciado em *A Gazeta*, São Paulo, n. 8200 (13 maio 1933).

de discos de músicas populares trazidos da Rússia soviética. O evento foi anunciado na imprensa no dia 27 de junho, pelo *Correio de S. Paulo*: "Tarsila, além de uma poderosa artista, fala com desembaraço e expõe o seu pensamento com sugestibilidade (...) fácil de prever é o sucesso da conferência"[80]. Já o DEOPS o recebeu com o sentimento oposto: "Os meios empregados pelos 'artistas' são silenciosos, sutis. Não inspiram curiosidade, mas quem entra lá sai pensativo. Suas paredes são decoradas por cartazes emblemáticos; mostram os efeitos do plano quinquenal, como vivem, os comunistas, na Rússia e outras demonstrações que incitam os outros povos a imitarem aquele país".

Após ser adiada algumas vezes, a conferência de Tarsila aconteceu no dia 29 de julho de 1933, e foi uma das poucas apresentações que receberam atenção da imprensa depois de terem sido concluídas. O *Diário de Notícias* do Rio de Janeiro reproduziu parte do conteúdo do discurso da artista, onde fica explícita a posição que ela sustentava naquele momento. Penso ser esse um documento valioso, pois é um registro das palavras da própria Tarsila expondo a visão de mundo que adotava.

---

80 CORREIO DE S. PAULO, São Paulo, n. 321 (27 jun. 1933).

Tarsila palestrando no CAM, ao lado dos cartazes soviéticos. Foto contida em: AMARAL, Aracy. *Tarsila:* sua obra e seu tempo. São Paulo, Editora 34, 2010 (4ª edição). Arquivo pessoal da Aracy Abreu Amaral.

> **ARTE PRO-LETARIA**
>
> *Uma conferencia e uma entrevista de Tarsila do Amaral*
>
> TARSILA DO AMARAL, inaugurando hontem, uma exposição retrospectiva de obras suas, realizou uma conferencia sobre Arte Proletaria, da qual, em entrevista a um jornal paulista, deu o seguinte eschema:
> "Falando sobre a arte proletaria pensa-se logo em arte burgueza. Agora resta saber se existe realmente uma approximação entre arte proletaria e arte burgueza. Porque muitos dizem que arte, como a sciencia, é uma coisa só, o que está certo se considerarmos a arte em si. Ellas são o que são, tanto sob o regime do proletariado como na Allemanha, na França ou nos Estados Unidos. Assim como o trigo ou a maçã são o que são em toda parte. A differença está na sua applicação, nos fins a que se destinam a arte e a sciencia, num ou noutro regimen. Uma grande descoberta scientifica no mundo capitalista constitue privilegio de meia duzia de individuos, e não aproveita a todos os homens. Guarda-se o segredo absoluto de uma forma scientifica, visando o lucro em prejuizo da collectividade. E' porque sob o regimen em que vive o scientista elle tem que pensar na sua subsistencia e no seu futuro, cuja tranquilidade ninguem lhe garante. Já não se dará isso no regimen socialista, na Russia sovietica, onde o scientista trabalha despreoccupado d o, dedicando-se integralmente, aos seus estudos, cercado, sem restricções, de todo o material de que necessita para suas experiencias, sem se preoccupar com o pão para seus filhos, nem com a educação delles.
> E' o Estado que disso se encarrega, orientando-os pelos melhores methodos, a um pleno desenvolvimento physico e intellectual, comtudo não procurando nivel-al-os, como pensa a maioria. O nivelamento que o regimen socialista pretende não é o nivelamento das intelligencias, e sim economico, com a suppressão das classes, creando uma sociedade nova com o espirito de solidariedade humana.
> Ora, dessa sociedade nova surgirá uma expressão correspondente de arte nova. A analyse marxista demonstra que a arte é uma superestructura, produzindo pelas relações sociaes — facto economico — de producção e influenciada pelas diversas formas de trabalho de uma determinada época. Vejamos, pois, porque se baseia a arte no factor economico: porque a arte é o reflexo da vida de um povo e, sendo a vida de um povo, determinada pelo factor economico, vemos nesse factor a raiz da arte que se manifestou como expressão de vida industrial em si mesma e tambem como expressão de sua ideologia.
> Falando de ideologia, não nos afastamos ainda do factor economico, pois a ideologia de um povo é o resultado do seu genero de vida, da sua educação e do seu ambiente de liberdade ou oppressão."

Matéria sobre a palestra de Tarsila no CAM.
Diário de Notícias, Rio de Janeiro, n. 2025 (30 jul. 1933)[81].

A segunda exposição no Rio e a fase Social

Algumas das propriedades da família Amaral seguiam em processo de desembaraço junto ao governo federal naquele ano de 1933. Depois de tempos retidas pelo governo (após a crise de 1929), a família tentava reavê-las. A fazenda Santa Teresa do Alto, de Tarsila, era uma dessas propriedades. Para tratar do assunto, a artista teve de ir muitas vezes ao Rio de Janeiro. Lá, se hospedava na casa dos amigos Alvaro e Eugênia Moreyra, e foi dessa convivência que surge a ideia de realizar uma segunda exposição

---

81 O artigo diz que Tarsila havia inaugurado uma exposição retrospectiva no dia de sua palestra no CAM, mas, como não há nenhum outro registro de que ela tenha levado suas obras para expor na ocasião, acreditamos se tratar de um equívoco do jornalista carioca.

individual no Rio. Com a ajuda dos amigos, a data foi marcada para 14 de outubro. O cenário seria o mesmo de antes, o Palace Hotel.

Porém, faltava algo fundamental: nossa pintora tinha que terminar as telas em que estava trabalhando. As novas pinturas teriam um papel de destaque, uma vez que a exposição assumiu o formato de retrospectiva, retratando a evolução de sua arte. E a nova fase Social era o ponto culminante naquele momento.

Os anúncios nos jornais do Rio enfatizam a ideia de evolução na arte de Tarsila. O *Diário de Notícias* diz: "A de agora, mais do que as outras, destina-se a um grande sucesso, (...) porque é uma exposição retrospectiva (...). Assim, todas as fases da evolução de Tarsila do Amaral serão admiradas na amostra"; no *Jornal do Brasil*, se lê: "A pintora reuniu 66 telas que mostram a sua evolução de 1918 a 1933, começando por um 'Retrato' exposto no Salão Oficial de Paris, logo depois da guerra e culminando nos quadros '2ª classe' e 'Operários'". A própria Tarsila, em entrevista publicada na *Folha da Noite* (SP), afirma sobre o protagonismo que atribuía às telas sociais: "Está claro que apresento com maior insistência a minha última fase: evolução para a arte proletária. Aliás, nos meus primeiros trabalhos, embora isto possa ser negado, descobre-se a tendência em que me deixava levar para a verdadeira revolução artística em que agora me sinto tão bem"[82].

Essas matérias saíram poucos dias antes da abertura da exposição, quando a artista já havia concluído a feitura das novas telas. Mas em uma outra matéria, de 24 de julho, ficamos sabendo que as obras ainda estavam longe de ser concluídas, e mais: havia uma terceira em produção (que infelizmente não foi terminada). O texto é de Geraldo Ferraz, no qual trata da visita que fez ao ateliê

---

82 Textos em: *Diário de Notícias*, Rio de Janeiro, n. 2097 (10 out. 1933); *Jornal do Brasil*, Rio de Janeiro, n. 244 (14 out. 1933); *Folha da Noite*, São Paulo, n. 3926 (12 out. 1933).

de Tarsila; ele se diz maravilhado com as telas que ela esboçava[83]. *Operários* já começava a receber camadas de tinta, e havia dois outros desenhos delineados: um virou a tela *2ª classe*, e o outro seria a terceira obra "social" de Tarsila, mas que ficou só no esboço. Por sorte, Geraldo registrou a aparência que teria: "aspecto de um presídio político de São Paulo", e essa descrição tornou possível localizar o que parece ser o estudo para essa obra, no catálogo *raisonné* da artista:

Registro do que se acredita ser o esboço para a obra *Prisão* no catálogo *raisonné* de Tarsila; carvão sobre papel. A tela não chegou a ser concluída.
Catálogo Raisonné Tarsila do Amaral (2008).

---

83 FERRAZ, Geraldo. Tarsila para outra direção. *O Homem Livre*, São Paulo, n. 9, 24 jul. 1933.

Foto da segunda exposição de Tarsila no Rio de Janeiro.
O Radical, Rio de Janeiro, n. 465 (15 out. 1933).

Após a abertura da exposição, será Di Cavalcanti quem vai escrever sobre Tarsila. Ao tratar das novas obras de Tarsila, ele aproveita para fazer uma ampla explanação da teoria marxista e dos motivos pelos quais, a seu ver, ela era irrefutável. Trata também do papel dos artistas no processo revolucionário, onde encaixa seus elogios a Tarsila[84].

---

84 DIÁRIO CARIOCA, n. 1595 (15 out. 1933).

Na mesma época da exposição, entra em cartaz no CAM a peça de Flávio de Carvalho, *Bailado do Deus Morto*, com cenografia feita por Tarsila. Questionado sobre a polêmica que a peça causava, Procópio Ferreira comenta: "ficou provado que os senhores Flávio de Carvalho e Carlos Prado podem ser comunistas sem o menor receio de uma deportação"[85]. Mas a ousadia não passou incólume: um mês depois da estreia, o departamento de polícia pede o fechamento do Teatro de Experiências do CAM. A ordem veio de um juiz a quem Flávio de Carvalho acusava de ser integralista.

Ensaio do Bailado do Deus Morto, vendo-se na parede as decorações feitas de tubos de aluminio, pela senhora Tarsila do Amaral
O bar do Club dos Artistas Modernos, onde se inspirou o criador do Theatro de Experiencia

Ilustração do cenário feito por Tarsila para o "Bailado do Deus Morto". *Diário da Noite*, Rio de Janeiro, n. 1113 (09 dez. 1933).

---

85 DIÁRIO DA NOITE, n.1113 (09 dez. 1933).

Parte 6

A memória de 1932

O Brasil vivia uma frágil estabilidade após o levante constitucionalista de 1932. Mas as eleições para a Assembleia Nacional e a perspectiva de que, finalmente, a nova Constituição seria elaborada, davam um ar de esperança para 1933. Parecia que haveria espaço para todos os partidos, desde os integralistas até a esquerda revolucionária[86]. Mas as coisas começaram a mudar conforme ambos os extremos do espectro político se radicalizavam.

Em 9 de julho de 1933, no aniversário do levante de 1932, a recém-fundada Associação de Ex-combatentes de São Paulo publicou um texto não só exaltando a coragem dos que lutaram no ano anterior, mas também se colocando contra "os políticos profissionais", para os quais, "de uma vez para sempre, não mais se lhes deverá conferir o direito de falar à Nação em nome do Estado"[87]. A fala desagradou o governo e o documento foi censurado na imprensa carioca. Estava reinstaurada a desavença daquele grupo com a administração de Vargas.

O levante de 1932 era um tema espinhoso para o governo[88]. No ano anterior, *O Jornal* (RJ), do grupo de Assis Chateaubriand, ficou suspenso após apoiar os constitucionalistas. Pode-se dizer, portanto, que qualquer veículo de imprensa que endossasse um discurso como o da Associação dos Ex-combatentes sabia que estaria provocando. De impasses como esse surge um círculo vicioso, que alimentava a desavença: por um lado, a valorização de levantes armados contra o governo irritava a administração, que

---

86 Veja, por exemplo, o anúncio entusiasmado da candidatura do Tenente Walter Pompeu, descrito como representante dessa "esquerda revolucionária". CORREIO DE S. PAULO, n. 00272 (29 abr. 1933).

87 CORREIO DE S. PAULO, n. 00332 (09 jul. 1933).

88 Assim como outros atos de insurreição, como a Revolta dos 18 do Forte, Revolta Paulista de 1924 e Coluna Prestes.

respondia com censura; por outro, a censura era um abuso e fazia aumentar a desconfiança com o governo.

Embora tivesse apoiado os eventos de 1932, Assis Chateaubriand arrefeceu o discurso e, no final de 1933, *O Jornal* pôde voltar a ser publicado. Tarsila comemora a volta do periódico, quem sabe, num aceno à postura moderada de Chateaubriand. Ela diz:

> Foi n'O Jornal, graças à compreensão e a simpatia de Assis Chateaubriand, que a minha arte, num dos seus momentos mais típicos, encontrou mais cativante acolhida, e mais entusiástico estímulo. E O Jornal apareceu sempre como um dos poucos jornais do Brasil onde os interesses da arte, da cultura e da inteligência não eram relegados para o plano das coisas secundárias e desprezíveis. O reaparecimento d'O Jornal enche de alegria todos os intelectuais do país[89].

Últimos dias ao lado de Osório e do Comitê

Tarsila e Osório ainda estavam juntos em fins de 1933. Sabemos disso graças a um registro do agente Guarany, que acompanhava o desenrolar de um episódio um tanto peculiar: ele havia se aliado a um homem misterioso, que usava o apelido de Dr. X, e foi incumbido de reunir "os maiores militantes sociais, como sejam, comunistas, anarquistas etc." para mobilizá-los em torno de uma nova doutrina, a saber, o igualitarismo. O agente assim o fez e, no dia 18 de novembro, reuniu Tarsila e Osório para serem apresentados às ideias do Dr. X. Mas o esforço não resultou em nada: o próprio agente sabia que a tal doutrina era "idiota" (em suas palavras), e não foi diferente com a artista e o psiquiatra, que a refutaram

---

89 Da pintora Tarsila do Amaral. *O Jornal*, Rio de Janeiro, n. 4308 (05 nov. 1933).

"por não estar nos moldes do marxismo"[90]. Mas é digno de nota que Tarsila e Osório eram reconhecidos como alguns dos maiores militantes do país e que julgavam a validade de uma teoria pela régua dos preceitos marxistas.

Ao longo do ano, trabalhando em nome do comitê, o casal angariou um expressivo número de apoiadores. Naquele mês de novembro, mais de cem pessoas assinam com eles o "manifesto de intelectuais de São Paulo contra o fascismo"[91]. Havia expressivo número de jornalistas, escritores e artistas, muitos dos quais se tornaram figuras de renome e seguiram impactando o cenário cultural do Brasil pelos anos seguintes, como Procópio Ferreira, Sérgio Milliet, Alfredo Volpi, Jorge Amado, entre outros. Há certa ousadia no conteúdo desse texto, pois torna claras as intenções que outrora foram omitidas: colocam-se abertamente em defesa da URSS e contra o modelo de livre mercado capitalista, falam da importância dos congressos (de Montevidéu, Amsterdã e Paris) para a coordenação de uma ação internacional e, por fim, se descrevem como um grupo composto por várias ideologias, das quais escolhem citar: comunismo, socialismo e a anarquia.

---

90 Arquivo DEOPS. Prontuário de Tarsila do Amaral, n. 1680, doc. n. 5. Registro em 26 nov. 1933.

91 JORNAL DO COMÉRCIO, Rio de Janeiro, n. 33 (08 nov. 1933).

Manifesto das organizações coligadas em frente única antifascista

"Ao Proletariado e ao Povo em geral"

Os integralistas haviam resolvido fazer uma demonstração pública de força para o dia 15 do corrente.

A tal notícia, as organizações anti-fascistas de São Paulo reuniram-se para organizar uma contra-demonstração. Bastou esta iniciativa para que os integralistas renunciassem á sua manifestação.

Ora, as organizações anti-fascistas abaixo assinadas mantêm a sua decisão, levando a efeito uma grande manifestação publica.

Contra o fascismo

A manifestação se realizará sexta-feira, 15 de dezembro, ás 20 horas, no Largo de São Paulo, 13 (Lega Lombarda).

As organizações abaixo assinadas enviarão á essa manifestação os seus oradores, que vão falar sôbre a luta contra o fascismo.

Nesse comício far-se-á um protesto contra as prisões arbitrarias de militantes proletários.

Comité Anti-Guerreiro de São Paulo
União Sindical dos Profissionais do Volante
União dos Operários em Fábricas de Tecidos
Federação Sindical Regional de São Paulo
Partido Comunista (S. B. da I. C.)
Partido Socialista Brasileiro
Grupo Socialista "Giacomo Matteotti"
Comité Estudantil Anti-Guerreiro
Federação das Juventudes Comunistas
"Vanguarda Estudantil"
Gremio Universitário Socialista
União Operária e Camponesa
"O Homem Livre"
Liga Comunista Internacionalista (Bolcheviques-Leninistas)
Brascor
Socorro Vermelho Internacional
Coligação Confederacionista
União dos Trabalhadores Gráficos.

Anúncio de um comício organizado para o dia 15 de dezembro de 1933. Manifesto das Organizações Coligadas em Frente Única Antifascista.
O Homem Livre, São Paulo, n. 20 (14 dez. 1933).

O comitê havia passado por uma transformação: suas ações agora estavam sob a tutela da Frente Única Antifascista. Essa reestruturação da organização brasileira seguia os moldes do que acontecia na Europa, ainda sob a supervisão de Henri Barbusse e Romain Rolland, que agora dirigiam por lá o Comité de Défense des Victimes du Fascisme[92]. O deslocamento do discurso "antiguerra" para "antifascista" simbolizava que o pacifismo havia sido oficialmente deixado de lado. Nota-se nos veículos de imprensa aliados à causa que há um esforço para explicar essa mudança ao leitor: "(...) o melhor dos pacifistas, diante da demonstração esmagadora da inutilidade do movimento idealista

---

92   O HOMEM LIVRE, São Paulo, n. 9 (24 jul. 1933).

em que se empenhara, é o primeiro a reconhecer a guerra como uma 'necessidade a que os homens não podem fugir'", diz o jornal *O Homem Livre*, no artigo de nome sugestivo "Contra a Guerra ou contra o Fascismo?"[93].

A oposição que faziam às ações abjetas dos regimes de Mussolini e Hitler era um sólido ponto de apoio da nova tese, mas essa robustez divide espaço com o que parece ser uma crença ingênua no modelo comunista. Não abriam espaço para as suspeitas de que o regime soviético poderia ser também uma manifestação de um Estado totalitário, assim como eram os outros dois.

Conforme o discurso a favor do uso da força aumentava, também crescia a preocupação do governo brasileiro. Organizações comunistas já haviam sido proibidas em outros países, e agora também começaram a ser sistematicamente boicotadas no Brasil.

Tarsila continua manifestando seu apoio ao comitê, bem como condenando os ataques à imprensa por parte do governo. Mas, ao entrar em 1934, não existem mais registros do envolvimento direto da artista com nenhuma agremiações de viés político. Coincidência ou não, o afastamento dela ocorre ao mesmo tempo que o discurso dessas organizações se radicalizou.

Os Moreyra

O relacionamento com Osório acabou em algum momento na passagem de 1933 para 1934. Ele já estava consolidado como figura cativa no meio cultural de São Paulo, e vai seguir participando e contribuindo. Segue ao lado de Jayme Adour da Câmara, Flávio de Carvalho e mesmo Oswald de Andrade (com quem pôde conviver mais, após ter se separado de Tarsila).

---

93   O HOMEM LIVRE, São Paulo, n. 18 (06 nov. 1933).

Tarsila, por sua vez, começa a passar mais tempo no Rio de Janeiro, onde continua sendo acolhida por Alvaro e Eugênia Moreyra, ficando hospedada na casa deles por longos períodos. Alvaro era daquelas figuras polivalentes, típicas de sua época; foi membro de inúmeras associações, atuou como cronista e em cargos diretivos de jornais e revistas, foi poeta, comentarista de rádio e teatrólogo, criador do Teatro de Brinquedo onde, por vezes, Eugênia estrelava. O casal compartilhava os mesmos interesses que os progressistas de São Paulo, e a residência deles se tornou ponto de encontro dessas ideias. Jorge Amado era um dos frequentadores e tinha apenas 22 anos quando resumiu belamente o cenário que viviam:

> Você está no Rio de Janeiro dos anos 30, 40. É o Rio que surge depois da revolução de 30 e do pós-Modernismo. O Rio da volta ilegal de Prestes ao País, da Aliança Nacional Libertadora e do Integralismo de Plínio Salgado. É a cidade efervescente das lutas de esquerda e direita. Nesse painel histórico, a casa de Eugênia e Alvaro Moreyra, ali em Copacabana, é um dos centros da vida literária e cultural do País. (...) Ali compareciam os jovens escritores, principalmente aqueles ligados à esquerda, ao PC, à juventude comunista (aquilo que depois foi a A.N.L.). (...) Quase todas as noites eu ia lá. Esse convívio foi bastante intenso até por volta de 1935[94].

O começo displicente de um caso duradouro

Novamente o Rio de Janeiro será palco de viradas românticas na vida de Tarsila. Só que, dessa vez, o desfecho é mais animador. Se em 1929 ela viu seu casamento com Oswald ruir pouco depois da viagem ao Rio, anos depois a cidade foi mais generosa e lhe

---

94 AMADO (1984), apud MORAES, Rita (2000).

proporcionou um novo enlace, com o escritor Luís Martins. Viram-se pela primeira vez na época da segunda exposição de Tarsila, em outubro de 1933; ele, muito sem jeito, não teve coragem de abordar a pintora na ocasião. Era bem mais jovem, tinha poucos recursos e, ainda por cima, estava fraco e magro em razão de uma doença que lhe acometera por meses. Anos depois, Luís registra o impacto que Tarsila teve nele:

> (...) quando a vi pela primeira vez, levei um choque. Tarsila já não era a "caipirinha vestida de Poiret", de Oswald de Andrade; nem aquela mulher elegantíssima que em Paris, ao entrar numa frisa de teatro – como contava Sérgio Milliet – fazia com que toda a plateia se voltasse para vê-la. Sua fazenda Santa Teresa do Alto estava hipotecada. Vestia-se modestamente, sem nenhum vestígio de luxo. Mas conservava ainda uma surpreendente, radiosa e espetacular beleza[95].

No despertar de 1934, o escritor estava finalmente recuperado de sua enfermidade e foi capaz de vencer a timidez para abordar Tarsila. Por sorte, há um registro fotográfico do momento em que tudo começou, em um almoço em homenagem a Jorge Amado, Dante Costa e Peregrino Júnior, no qual, segundo Martins, o vinho o ajudou a superar o acanhamento que sentia.

Tarsila passará os próximos anos dividida entre seu estado natal e o Rio de Janeiro. No Rio, além de visitar Luís, ela lidava com os processos jurídicos que ainda detinham sob a posse do governo os bens da família. Conforme o relacionamento com o jovem foi se desenvolvendo, as estadias da pintora se tornaram mais frequentes e se hospedar na casa dos Moreyra passa a ser inconveniente. Mas Luís não tinha recursos: ainda morava com os pais e trabalhava quase que de graça, escrevendo para jornais cariocas.

---

95 MARTINS (1983). p. 36.

Por algum tempo o novo casal não teve endereço fixo para conviver. A falta de um lugar para receber Tarsila motivou Luís a mudar sua situação. Em abril de 1935, ele consegue o cargo de fiscal do Instituto de Aposentadoria e Pensões dos Comerciários (IAPC), o qual exercia concomitantemente com a carreira de escritor. Como o dinheiro ainda era pouco, o primeiro espaço que alugou foi um quarto em uma pensão – provavelmente a moradia mais simples em que Tarsila ficou em toda sua vida. Mas o tempo na pensão foi curto e logo Luís se muda.

Registro do almoço em que Tarsila e Luís se aproximaram pela primeira vez. Luís Martins é o jovem que está sorrindo ao lado de Tarsila (próximo à cabeceira da mesa). A outra senhora, de chapéu claro, é Eugênia Moreyra; seu marido, Alvaro, é quem se senta na cabeceira. Entre ele e Luís está Dante Costa; do outro lado de Alvaro, está Jorge Amado (e parece ser Peregrino Júnior a seu lado). Fonte: MARTINS (2010). Foto: Coleção Bia e Pedro Corrêa do Lago.

Em sua autobiografia, Luís Martins trata desse início de relacionamento de forma displicente, deixando a entender que o compromisso entre eles era frouxo: "a rigor, não se pode dizer que morava comigo (...) era raro que ficasse 10 dias seguidos no apartamento (...) na maior parte do tempo, eu ficava só, levando vida de solteiro". Permaneceram assim até 1939, quando Luís mudou-se de vez para a fazenda de Tarsila – ela havia conseguido reaver a posse do imóvel em 1937.

A preocupação com dinheiro pesou na rotina dos dois por anos. Ainda em 1937 Luís perde o emprego no IAPC por causa do golpe que instaurou o Estado Novo, e se vê obrigado a voltar para a casa dos pais. O escritor também registrou que um dos principais objetivos da exposição de Tarsila de outubro de 1933 era vender obras. Infelizmente, essa empreitada fracassou; ao que tudo indica, nenhuma foi vendida na ocasião, e os anos seguintes também não foram diferentes:

> Para se ter uma i,deia de como as manifestações mais ousadas da pintura de vanguarda eram pouco consideradas e valorizadas basta dizer que Tarsila tinha em casa, amontoadas, todas as telas das fases Pau-brasil e Antropofagia – que seriam disputadas depois a peso de ouro – pois ninguém daria um centavo por elas. Para ganhar algum dinheiro, ela fazia retratos acadêmicos dos convencionais de Itu, copiados de fotografias e destinados ao Museu Republicano daquela cidade (...)[96].

Desavenças familiares

Fazia tempo que o estilo de vida que Tarsila levava era motivo de discussão dentro da família Amaral, havendo os que a defendiam e os que a atacavam. Os motivos dos comentários eram muitos: o

---

96 MARTINS, Luís, apud MARTINS, Ana (2010), p. 45.

excesso de gastos que houve em certo período, "os divórcios", o envolvimento com grupos políticos, os amigos "meio amalucados" (nas palavras de Ana Luisa Martins). E agora, em 1934, o novo motivo de comentários dos parentes era, justamente, o relacionamento fora dos padrões que Tarsila estabeleceu com Luís Martins, quem, além de ser vinte anos mais jovem do que ela, não tinha recursos e mal conseguia se sustentar.

Apesar da situação financeira complicada, Tarsila buscava solucionar seus problemas de forma independente. Como ela mesma escreveu na carta de Moscou: "Papai não deve se incomodar com os filhos. Cada qual que cuide da sua vida". Essa correspondência também fornece indícios sobre as afinidades dentro da família, pois, de seus irmãos, Tarsila se dirige diretamente apenas a Milton e ao filho dele, Sérgio. Na época estavam vivos: Oswaldo, mais velho que a pintora, e os três mais novos, Luís, Milton e José[97].

Talvez por Tarsila ser a única filha mulher viva, Dr. Juca só conseguia olhar a irreverência dela com bons olhos. Ele gastou muito de sua fortuna financiando os estudos e a vida luxuosa da filha ao longo dos anos 1920, o que gerava ciúmes em alguns dos irmãos. É verdade que havia muito dinheiro naquela época, e ninguém poderia imaginar que uma crise econômica global iria pulverizar tal herança, mas foi o que aconteceu e bastante ressentimento se seguiu a essa fase. Ana Luisa Martins (filha de Luís Martins com uma prima de Tarsila, com quem ele se casou depois de se separar da artista), sendo ela também membro da família Amaral, embora duas gerações adiante, conta das desavenças com dois dos irmãos: "um deles ameaçava recebê-la a chicotadas se ela ousasse pisar em

---

97   Os pais de Tarsila tiveram sete filhos, dos quais Tarsila era a única menina viva. Uma de suas irmãs morreu ainda bebê; chamava-se Dulce – nome que Tarsila deu para sua filha, como homenagem à irmã caçula. A outra menina nascida de Dr. Juca e Dona Lydia foi Cecília, que também faleceu cedo, em 1910. ROCHEDO, Aline (2021).

sua fazenda; outro virava-lhe as costas ostensivamente quando a via na rua"[98].

Outro registro do clima ruim que existia na família foi conseguido por Nádia Battella Gotlib, que reproduziu em seu livro uma carta do sobrinho Oswaldo Estanislau do Amaral Filho para Tarsila: "Titia, por que a senhora não vai passear lá em casa? Eu garanto que o tio José não lhe faria nada, pois papai está disposto a impedi-lo, e eu o ajudaria no que pudesse"[99].

Dulce e Beatriz

Há, no entanto, uma boa notícia no âmbito familiar em 1934: Dulce deu à luz Beatriz, Tarsila virou avó. Existem pouquíssimas notícias sobre o relacionamento de Tarsila e Dulce no período de que estamos tratando (1929-1935), o que sugere que o convívio não era intenso. Sabemos que o casamento da jovem com Edgar Rombauer aconteceu em 1930, mas depois disso quase não há notícias sobre suas atividades. Ela e Edgar ficaram juntos até 1939.

E o destino haveria de ser menos generoso para Dulce do que foi para sua mãe: com apenas 14 anos, Beatriz morreu de forma trágica; se afogou em um rio, em Petrópolis[100]. Na época Tarsila já tinha mais de 60 anos, e logo estaria separada de Luís Martins. Foi nessas circunstâncias que o convívio entre mãe e filha aumentou[101]. Mas a reaproximação não significou exatamente um acalanto para Dulce: "Ela era infeliz, muito infeliz. Ela se separou do Edgar.

---

98 MARTINS, Ana (2010), p. 23.
99 AMARAL FILHO, Oswaldo, apud GOTLIB, Nádia (1998), p. 176.
100 JORNAL DO BRASIL, n. 26 (01 fev. 1949).
101 DEL PRIORE (2022), p. 123.

Morava em Higienópolis, em São Paulo. Caçoavam dela – Sua mãe é uma louca! Ela se sentia humilhada por ser filha de Tarsila"[102].

Cerca de um ano após se despedir da neta, Tarsila publica o seguinte poema:

Cantiga[103]
Para Lalaide

FUI SOZINHA CAMINHANDO
Pela vida sem parar,
Tropeçando, escorregando,
Fui cair tonta no mar.

No dorso de uma baleia
Navegando, mergulhando,
Ao clarão da lua cheia,
Fui surgir, canta-cantando,
Em terras que nunca vi.

Passa o vento buzinando,
Nas asas me carregou,
Despenquei voa-voando
No reino do meu senhor.
Vestido de ouro me deram
Estrelado de brilhantes;
Na cabeça me puseram
Diadema engastada de sol;

---

[102] Esse depoimento é da sobrinha de Tarsila, que tinha idade próxima à de Dulce, ele consta no livro de Nádia Battella Gotlib, que possui uma série de importantes registros de depoimentos da família Amaral. GOTLIB (1998), p. 187.

[103] Texto publicado no *Diário de S. Paulo*, em 22 out. 1950. Ver AMARAL, Tarsila, apud BRANDINI (2008), p. 677.

Nos meus braços enroscaram
Braceletes de rubim;
Caminhando, tropeçando,
Fui cair sonha-sonhando
Nos braços do Bem-Amado
Sem nada saber de mim.

O fim da fase Social e os retratos

Antes do desenrolar dessa tragédia, 1934 seguia ainda com ares de esperança: Dulce estava grávida e Tarsila flertava com novos caminhos. A artista vivia um impasse com a fase Social: embora as telas tivessem recebido elogios da crítica, não resultaram em um aumento de vendas e, ao que tudo indica, não havia motivação para lhe dar sequência[104]. Ainda no começo do ano, *Operários* foi apresentada no 1º Salão Paulista de Belas Artes, o evento reuniu expositores de todas as vertentes, "modernos" e "passadistas" conviveram ali sem gerar grande alarde.

Sobre a arte dos vanguardistas, o jornal *A Noite* vai dizer: "(..) fortes páginas do realismo actualista – como o cartaz proletário e a plástica revolucionária de um sabor acre, mas realíssimo"[105] – o comentário parece descrever bem a tela de Tarsila. Ela e Anita Malfatti foram laureadas com prêmios no Salão, mas não os de primeiro lugar; esses ficaram para os artistas de estilo mais acadêmico, tanto em escultura como em pintura. Anos depois, avaliando

---

[104] Um texto de Aracy Amaral de 2006 traz evidências de que Tarsila havia se inspirado em pinturas de outros artistas para compor a tela *Operários*, sendo destacada a similaridade com a tela *Proletarierinnen*, de Hans Baluschek (1910). Se assim for, podemos pensar que a não originalidade das composições da fase deva ter contribuído para que Tarsila não se demorasse naquele estilo. AMARAL (2006).

[105] A NOITE ILUSTRADA, n. 210 (14 mar. 1934).

a produção da época, Geraldo Ferraz se mostrou pouco empolgado com a fase Social de Tarsila, e o Salão de forma geral: "(...) nenhuma revelação poderia ser destacada. Mesmo a fase social de Tarsila era de uma pobreza desconcertante, para quem tinha feito a pintura pau-brasil e a pintura antropofágica"[106].

A arte de Tarsila estava em uma encruzilhada, e foi nesse ambiente de incertezas e cobrança por resultados que a produção de retratos começa a aparecer como uma opção atraente. De fato, ela já fazia retratos por encomenda, tanto em esculturas como pinturas, e a ideia de fazer uma série deles a inspirou. Sabemos disso, pois os jornais chegam a noticiar que Tarsila faria uma exposição desses trabalhos: "Tarsila anuncia uma nova exposição, em que predominarão os retratos. (...) aparecerão retratos dos nomes mais prestigiosos das nossas letras e da sociedade"[107]. Mas o projeto não vai sair do papel, provavelmente porque ela ainda não tinha muito o que mostrar; o retrato de Luís Martins, por exemplo, só foi finalizado por completo em 1937.

Em todo caso, é preciso deixar registrado que Tarsila tem, sim, uma extensa produção de retratos. Em sua maioria são desenhos em nanquim, feitos ao longo da década de 1940. O catálogo *raisonné* da artista reúne mais de oitenta desses desenhos, mostrando que Tarsila realmente se dedicou ao gênero[108]. O rol de pessoas retratadas é um objeto de estudo à parte; temos desde Shakespeare a Euclides da Cunha, passando por Jean-Paul Sartre e João do Rio.

Tarsila também tinha a intenção de entregar telas, e por isso transfere seu cavalete de São Paulo para o Rio em 1934, primeiro para a casa de Alvaro e Eugênia, depois para o apartamento de

---

106   FERRAZ (1983), p. 107.

107   O evento foi anunciado por pelo menos três vezes no fim de 1934: *O Jornal*, Rio de Janeiro, n. 4614 (30 out. 1934); *Diário Carioca*, Rio de Janeiro, n. 01951 (02 dez. 1934); *Diário Carioca*, Rio de Janeiro, n. 1939 (18 nov. 1934).

108   AMARAL, Tarsila. *Catálogo Raisonné Tarsila do Amaral* (2008).

Luís. Os arredores simples do bairro em que o companheiro vivia serviram de inspiração para que ela começasse a esboçar telas como *Costureiras* e *Crianças*[109]. Começou, mas só foi concluí-las anos depois. De fato, sua entrega de telas nunca mais será a mesma dos primeiros anos da carreira como pintora, embora, a partir de 1937, volte a ganhar certo ritmo.

As primeiras palavras da escritora Tarsila do Amaral

Além dos retratos, surge também a ideia de fazer colaborações para jornais e revistas de forma mais assídua. Ela já havia escrito e feito ilustrações antes, e poderia obter uma renda extra com a atividade. Seu círculo de amizades estava repleto de escritores e jornalistas, como o próprio Luís Martins, Alvaro Moreyra, Geraldo Ferraz e Jorge Amado, por isso não demorou a encontrar lugar nos periódicos. O nome de Tarsila começa a ser anunciado como colaboradora a partir de janeiro de 1934, em lugares como as revistas *Rio Magazine*, *Lanterna Verde* e *Sumula*[110] – as duas primeiras tinham Alvaro Moreyra como membro, e a última tinha Osório César como um dos colaboradores. Nessa época também enviou um texto sobre cubismo para o jornal baiano *O Imparcial*[111], e a já mencionada crônica sobre David Alfaro Siqueiros, para *O Globo*.

Tarsila havia se afastado dos palanques das agitações comunistas, mas é digno de nota que ela permaneceu ligada a veículos de comunicação que contribuíam com a propagação daquelas ideias.

---

109   DEL PRIORE (2022), p. 108.
110   *A Batalha*, Rio de Janeiro, n. 1189 (16 jan. 1934); *O Jornal*, Rio de Janeiro, n. 4492 (09 jun. 1934); *Gazeta Popular*, São Paulo, n. 1232 (26 jan. 1935).
111   O IMPARCIAL, n. 1212 (12 jan. 1935).

Esse padrão durou cerca de dois anos, nos quais seu trabalho esteve disperso em várias publicações. Porém, como veremos a seguir, uma reviravolta vai levá-la a concentrar seus esforços em um único lugar, o *Diário de S. Paulo*, do grupo de Assis Chateaubriand. É lá que a atuação como cronista ganha consistência, tendo permanecido no cargo por cerca de duas décadas e publicado mais de duzentos textos originais.

Espionagem e a Intentona Comunista

O ano de 1935 começa com o boato de que Luís Carlos Prestes havia retornado clandestinamente ao Brasil e fomentava um movimento de derrubada do governo Getúlio Vargas. Prestes chegou mesmo ao Brasil em abril, mas desde janeiro já se podia ler nos jornais: "Fundada em S. Paulo a Aliança Nacional Libertadora – O seu chefe, segundo afirma, é o sr. Luís Carlos Prestes"[112]. Ele havia sido nomeado presidente de honra da ANL, e ajudava a coordenar suas ações mesmo de longe.

Aliada ao Partido Comunista Brasileiro, a ANL era a nova peça do jogo político brasileiro. Uma de suas primeiras ações foi organizar manifestações em homenagem aos levantes tenentistas de 1922 e 1924 (ligado à Coluna Prestes), num claro elogio àqueles que desafiavam o poder estabelecido. Também planejavam fazer um outro levante, que ocorreria simultaneamente em diversas cidades do país no fim daquele ano – a proposta se concretizou em novembro e o evento entrou para a história como a Intentona Comunista.

Já sabendo dos planos de seus adversários, o governo decreta o fechamento da ANL em julho. Os ânimos estavam acirrados de

---

112 O JORNAL, n. 4692 (29 jan. 1935).

ambos os lados, e é nesse mesmo mês que algo inesperado acontece: Tarsila é acusada de ser uma espiã do governo. Num texto recheado de ironia, o jornal *A Manhã* denuncia a pintora como informante, dizendo que ela tinha ligações com um general e, num ato de particular insolência, o artigo faz insinuações jocosas com relação à idade e *status* social de Tarsila.

A Manhã era o periódico que sustentava as propostas da ANL, justamente onde trabalhavam muitas pessoas que, até então, Tarsila pensava que fossem suas amigas. E esse foi o grande agravante dessa história, pois ela não estava sendo acusada por pessoas quaisquer, mas por amigos. Naquele meio estava, por exemplo, Alvaro Moreyra, que tivera grande influência em sua vida nos últimos tempos.

Depois de receber a acusação, quem se sentiu traída foi Tarsila. Já no dia seguinte, Luís Martins publica uma resposta em *O Jornal*, destacando a covardia de se fazer tal denúncia de forma anônima, mas dizendo que cabia a Tarsila "chamar à responsabilidade o autor da calúnia e o jornal que a endossou"[113]. A resposta da artista vem seis dias depois, após, segundo ela, ter recobrado a serenidade.

---

113 O JORNAL, n. 4840 (20 jul. 1935).

O capitão Miranda Corrêa e seu coadjutor Seraphim Braga, resolveram modernisar os seus methodos de provocação politica. Assim, ao envés de "tiras" feios e carrancudos, para "acampanhar" os pobres mortaes que commettem o feio crime de achar o nariz do sr. Ráo um tanto comprido, mobilisaram elles, para "provocal-os", damas elegantes, "chics", bem vestidas, em summa — "provocadoras". Uma dellas é a escriptora carioca Sylvia Moncorvo. A outra é a pintora paulista Tarsila do Amaral, que fazia parte do "Serviço Secreto" do general Góes Monteiro e está, agora, á disposição do chefe de Policia, como sua "informante".

Não podemos deixar de constatar que esse aproveitamento racional de senhoras tão distinctas — cujas energias physicas e moraes estavam sendo tão criminosamente desperdiçadas em travessuras e folias impropias de sua idade e posição, mas que, dóravante, serão assim intelligentemente postas a serviço da "coisa publica" — representa um grande avanço no aperfeiçoamento dos methodos policiaes em vigor entre nós.

Apenas achamos que os "elementos subversivos" visados pelas "provocações" dessas illustres e caridosas damas têm o direito de pleitear junto ao sr. Felinto Muller a sua reivindicaçãosinha:

— "O capitão não poderia arranjar umas caras melhores?"

D. Tarsila declara que não é policial

A proposito de um commentario de A MANHÃ, sobre os processos de que se está utilizando a policia polittica, no recrutamento de auxiliares á sua obra de provocação e espionagem, recebemos a seguinte carta da pintora Tarsila do Amaral:

"Sr. director de A MANHÃ — Depois de justamente indignada pela publicação no seu jornal de um topico offensivo á minha pessoa, venho agora, com toda a serenidade, protestar contra a lamentavel precipitação d'A MANHÃ, vehiculando a meu respeito informações mentirosas e cheias de allusões maldosas. Ter-se-ia evitado esse incidente, se a redacção do seu jornal tivesse, antes destacado uma pessoa que me seguisse secretamente para ver onde vou e com quem convivo.

Não conheço nenhuma, das pessoas ás quaes o topico se refere, com excepção do dr. Vicente Ráo, que foi meu advogado durante alguns annos.

Não me presto, por temperamento, a nenhuma sorte de espionagem, mesmo pela causa a mais justa, e muito menos pelos processos imoraes insinuados no referido topico.

Desafio a quem quer que seja a apresentar uma prova (ou mesmo o mais ligeiro indicio de veracidade) dos actos que me attribuem.

Lamentando a aggressão de que fui victima, considero a publicação desta carta como uma rectificação por parte d'A MANHÃ. — Tarsila do Amaral — Rio de Janeiro, 22 de julho de 1935."

A MANHÃ, infelizmente, não dispõe de um apparelho de investigação capaz de acompanhar todos os passos da sra. Tarsila do Amaral. Nem é essa a funcção de um jornal popular. Baseando-nos em informações colhidas em fontes que julgamos insuspeitas, referimo-nos á sra. Tarsila.

Registramos agora sua contestação, em obediencia á norma que nos traçamos de não negar o direito de defesa a ninguem, desejando que os factos confirmem essa solemne declaração, que interessa mais ás massas populares e aos meios artisticos do que a nós mesmos.

Primeira nota: *A Manhã*, Rio de Janeiro, n. 73 (19 jul. 1935); segunda nota: *A Manhã*, Rio de Janeiro, n. 77 (25 jul. 1935).

Negar a acusação não seria o suficiente; o grupo do *A Manhã* estava confiante e não pretendia fazer um *mea-culpa* por ter ofendido Tarsila. O rompimento foi instantâneo e duradouro. O nome da artista só voltará a aparecer em notícias daquele jornal anos depois, na década de 1940.

"Que te adiantará todo o sacrifício?"

Dada a gravidade da acusação que pairava sobre a imagem de Tarsila, cabe perguntar quais seriam os motivos de tal suspeita. O vínculo que mantinha com apoiadores do governo pode ser uma dessas causas, pois, mesmo alinhada com as propostas do comunismo, ela não rompeu relações com quem pensava de forma diferente. Tinha acesso a oficiais do governo, e sua família seguia sendo bem relacionada com a classe política[114]. O envolvimento com Luís Martins também pode ter levantado suspeitas: ele ocupava cargo em órgão público (o IAPC) e era colaborador d'*O Jornal*, de Chateaubriand, onde a crítica ao governo de Getúlio era abrandada.

---

114 Veja, por exemplo, notas como a de junho de 1933, que conta da audiência oficial de Tarsila e Eugênia Moreyra com o ministro das relações exteriores, sr. Afrânio de Mello Franco; de agosto de 1934, em que Tarsila aderiu à homenagem feita à esposa de Washington Luís (grande representante da Primeira República); e de 28 junho de 1935, falando da audiência com o ministro da educação, sr. Gustavo Capanema.
NOTÍCIAS DO ITAMARATY. *Correio da Manhã*, Rio de Janeiro, n. 11832, 29 jun. 1933. Disponível em: https://memoria.bn.gov.br/DocReader/DocReader.aspx?bib=089842_04&pesq=%22Tarsila%20do%20Amaral%22&pasta=ano%20193&hf=memoria.bn.br&pagfis=17183. Acesso em: 18 jun. 2024; SÃO PAULO PRESTOU ONTEM AS SUAS DERRADEIRAS HOMENAGENS A SENHORA WASHINGTON LUIS. *Correio Paulistano*, São Paulo, n. 24033. 01 ago. 1934. Disponível em: https://memoria.bn.gov.br/DocReader/DocReader.aspx?bib=090972_08&pesq=%22Tarsila%20do%20Amaral%22&pasta=ano%20193&hf=memoria.bn.br&pagfis=4601. Acesso em: 18 jun. 2024; e VÁRIAS NOTÍCIAS. *Jornal do Comércio*, Rio de Janeiro, n. 229, 28 jun. 1935. Disponível em: https://memoria.bn.gov.br/DocReader/DocReader.aspx?bib=364568_12&pesq=%22Tarsila%20do%20Amaral%22&pasta=ano%20193&hf=memoria.bn.br&pagfis=37187. Acesso em: 18 jun. 2024.

Quanto ao afastamento de organizações como o Comitê Antiguerra e a Frente Única Antifascista, seria esse um indício de que ela havia mudado de lado e se aliado ao governo? Não localizamos nenhuma ruptura abrupta em seu pensamento ou conduta nesse período que pudesse sugerir isso, aliás, pelo contrário, identificamos certa continuidade – haja vista o perfil das revistas que receberam Tarsila como colaboradora em 1934 e início de 1935, o conteúdo de seus textos e o meio social em que convivia, no salão de Alvaro e Eugênia Moreyra. A saída da linha de frente dos agrupamentos parece ter ocorrido por outros motivos.

Mas a prova mais robusta de que Tarsila não era uma agente do serviço secreto é sua ficha no DEOPS. Caso fosse aliada ao governo, o órgão não precisaria tê-la investigado da forma que fez. Suas atividades continuaram a ser monitoradas até 1937, quando devem ter notado que ela não se enquadrava mais no perfil de ativistas considerados perigosos[115].

Por fim, o impacto que a acusação teve sobre a artista também pode ser apontado como uma evidência de que a calúnia não tinha fundamento. O ressentimento de Tarsila ficou registrado em uma carta enviada ao ex-parceiro, Osório César, um mês após ter sido difamada. Essa correspondência foi apreendida pela polícia e há um relato dela no prontuário do psiquiatra; o agente comenta e transcreve as palavras de Tarsila: "essa artista não compartilhava mais dos ideais do Dr. Osório César, aconselhando-o a 'pensar mais na ciência e na carreira, do que nas questões sociais': 'não tens, como eu, reivindicações a fazer, que te adiantará todo o

---

115 O último registro encontrado no prontuário de Tarsila é de 1937, após o golpe que levou à ditadura do Estado Novo. Fazia algum tempo que já não a monitoravam de perto, mas, com o aumento da censura, a polícia voltou sua atenção novamente para Tarsila e para Luís Martins (nos primeiros momentos do Estado Novo, Luís foi demitido do cargo público, recebeu ordem de prisão, e seu livro *Lapa* foi proibido de circular). Mas logo a preocupação com o casal arrefeceu, provavelmente porque eles não apresentavam motivos para serem investigados.

sacrifício que já tens feito para um dia ser chamado de traidor?'"[116]. Após ter sido difamada por amigos e parceiros de ideologia, Tarsila parece desencantada.

A Intentona Comunista estoura pouco depois, em fins de novembro. A adesão foi menor do que o esperado, tendo sido relativamente fácil para o governo suprimi-la. Tarsila não se envolveu. Alvaro e Eugênia Moreyra também não estavam presentes, mas não por falta de vontade; haviam acabado de sofrer um grave acidente de carro. Já Osório, descartando o conselho que recebeu, participa do levante, acabando preso em dezembro de 1935.

Um novo discurso

Se o grupo do jornal *A Manhã* acusou Tarsila, pode-se dizer que o conglomerado de Assis Chateaubriand a acolheu. O empresário era dono de *O Jornal*, onde foi publicada a nota de Luís Martins em defesa da artista; é dele também o *Diário de S. Paulo*, onde Tarsila vai trabalhar pelas duas décadas seguintes. Chateaubriand havia deixado para trás as investidas contra Vargas e o tom desafiador de 1932, e nisso se diferenciava por completo do discurso daqueles que pleiteavam implementar o comunismo no Brasil. Tarsila parece seguir por um caminho parecido.

Após o golpe que sofreu, ela precisou de algum tempo para se readequar, tendo ficado fora de cena no segundo semestre de 1935. Quando reemerge, em 1936, seu círculo de amizades era outro, bem como seu discurso. No primeiro texto para o *Diário de S. Paulo*, escolheu criticar justamente os surrealistas (antigos aliados em tempos de antropofagia). No caso, ela usa como exemplo a avaliação ruim que os surrealistas tinham do pintor Giorgio de Chirico

---

116 MENDES (2018), p. 173.

para dizer que eles estavam errados em interpretar uma obra de arte usando como base uma teoria: "Mas, para que interpretar a obra de arte? Por que dissecá-la? Por que a mania de perguntar o porquê de tudo? (...) respeitemos o homem porque, enquanto ele, sem pensar em Freud, vai transportando para a tela seu mundo interior, a arte se enriquece (...)"[117].

No mês seguinte, Tarsila comparece a uma exposição do pintor Túlio Mugnaini. Lá se reunia um grupo bastante distinto daquele com o qual ela convivia até meados de 1935. Dentre os presentes, estavam o renegado Waldemar Belisário e Pedro Alexandrino, professor de juventude de Tarsila, de antes do modernismo[118]. O evento servirá de ensejo para que ela se posicione novamente contra aqueles que se deixavam levar por julgamentos preconcebidos, e desvalorizavam a obra de um artista apenas por ele não se enquadrar em uma cartilha doutrinária. Em um artigo sobre a exposição, ela faz uso de um diálogo para elucidar seu leitor:

— Você já viu a exposição de Túlio Mugnaini?
— Já.
— Com certeza achou horrível... pintura realista, sem imaginação, paisagens, nus, sempre a mesma coisa...
E eu desapontando o meu interlocutor:
— Está você muito enganado. Nunca entro numa exposição com a ideia preconcebida de destruir. Respeito qualquer tendência, embora contrária ao meu temperamento e às minhas ideias[119].

A partir de 1936 há maior estabilidade. Tarsila conseguiu reaver sua fazenda e, na vida íntima, o relacionamento com Luís Martins foi uma constante até o início da década de 1950. Também

---

117 AMARAL (1936) apud BRANDINI (2008), p. 51.
118 CORREIO DE S. PAULO, São Paulo, n. 1178 (17 abr. 1936).
119 AMARAL (1936), apud BRANDINI (2008), p. 62.

seguirá por duas décadas no cargo de cronista no *Diário de S. Paulo*, publicando ali mais de 230 textos.

Não é de surpreender que a maior parte de seus escritos trate de arte e literatura, e ali, a escolha dos assuntos e o posicionamento que adota revelam afinidades e possíveis desavenças. Quase não fala de seus colegas de modernismo dos anos 1920[120], e não há nenhuma crônica sobre as figuras com quem andou entre 1929 e 1935. Nada especifico sobre Oswald de Andrade, Osório César, Flávio de Carvalho, Alvaro Moreyra, Jayme Adour da Câmara, Jorge Amado, entre tantos outros possíveis.

Vai preferir falar de tipos como Candido Portinari, Elisabeth Nobiling e Roberto Burle Marx, representantes de uma nova geração. Em 1939, dez anos depois do fim da antropofagia, ela identifica uma grande diferença na mentalidade desse novo grupo: "Os artistas de vanguarda que hoje se voltam para os cânones clássicos atingem um período de serenidade livre de muitos preconceitos revolucionários". Tarsila faz uma avaliação negativa do extremismo de correntes que negavam totalmente a tradição, embora criticasse também aqueles que se curvam por completo ao tradicional: "pois é certo que há preconceito nos dois sentidos"[121].

Uma postura conciliadora estava se firmando. Traz constantemente o termo "expressão pessoal" para avaliar a obra de outros artistas. Elogia quem, a seu ver, consegue se expressar de forma autêntica, em vez de se curvar às doutrinas de alguma escola de estilo. Busca compreender as obras como um reflexo do temperamento e do contexto de vida do autor.

---

120 Victor Brecheret e Mário de Andrade eram as exceções, cada qual apareceu em três textos. Além deles, Anita Malfatti, Paulo Prado e Lasar Segall também apareceram. Di Cavalcanti foi mencionado apenas indiretamente, uma vez.

121 Texto "Volta ao Clássico", publicado no *Diário de S. Paulo* em 13 out. 1939. AMARAL, Tarsila, apud BRANDINI, Laura (2008), p. 402.

Posfácio

Os anos de 1936 e 1937 foram os mais produtivos como escritora, nos quais Tarsila publicou semanalmente. Esse ritmo reduziu quando a fazenda Santa Teresa do Alto voltou para suas mãos. A propriedade estava há oito anos sob administração do governo, época em que não houve muita manutenção, se é que houve alguma. Já não gerava riqueza e as contas eram pagas a crédito, dando-se como garantia a comercialização da futura safra de café. Mas o cafezal estava malcuidado e o preço de venda do produto era baixo. Luz elétrica também não havia. Tarsila teria muito trabalho pela frente. Para reverter a situação, surgiu a ideia de implementar uma granja. O projeto custou caro, "Tarsila empenhou joias e até o seu lindo faqueiro de Puiforcat" para financiá-lo[122], conta o companheiro, mas, infelizmente, não saiu como o esperado.

A fazenda estava com dívidas, e Luís Martins foi convocado a se envolver. Ajudou um pouco, mas a verdade é que não estava disposto a viver ali. Preferiu arranjar um emprego público, como inspetor de ensino – a família de Tarsila, que já não era muito afeita a ele, ficou bastante incomodada com tal escolha. O casal passava parte do tempo também em São Paulo; primeiro alugaram um apartamento simples no centro, depois ela comprou uma casa no bairro de Perdizes.

Além de cuidar da fazenda e da contribuição para o jornal, ainda encontrou tempo para pintar. Parece haver nas telas desse período a recorrência de temas do universo feminino-materno, bem como do trabalho rural – quem sabe uma indicação dos assuntos que lhe ocupavam o imaginário. E é preciso citar que também são desse período as telas *Terra* (1943), *Primavera* (1946) e *Praia* (1947), obras impactantes e que se destacam por serem diferentes de tudo o que ela fez antes, ou fará depois.

---

122 MARTINS (1983), p.64.

Em 1947 morre Dr. Juca, pai de Tarsila. Ele foi uma figura de referência em sua vida, e a filha vai escrever algumas crônicas em sua homenagem após a despedida. Em 1949 é a neta Beatriz que se vai e, como vimos, é provável que o poema *Cantiga* tenha sido uma forma que Tarsila encontrou para elaborar essa perda. Em 1952, outras duas rupturas: o fim do relacionamento com Luís e a venda da fazenda em decorrência de dificuldades financeiras.

Quando se trata da segunda metade da vida de Tarsila, frequentemente as tragédias ganham destaque, ofuscando outros feitos. Talvez isso aconteça pelo peso de acontecimentos como a perda da filha e neta, do contraste entre a abundância financeira em que nasceu e a simplicidade em que morreu e, ainda mais, o erro médico que a fez passar seus últimos anos em cadeira de rodas. Mas não se deve deixar de notar também sua resiliência diante das adversidades. Em nenhum momento incorporou o lugar de vítima, nem se permitiu parar de produzir.

Ao mesmo tempo, parece comum atribuir à sua produção tardia a noção de fase crepuscular da artista, mas também é possível observar que há um ganho de maturidade. Na década de 1950, justamente após vivenciar parte desses acontecimentos ruins que citamos, sua arte regressa às linhas, cores e temas que lhe inspiraram em juventude. Esse ímpeto pelo retorno visto em sua fase Neopau-Brasil parece ser antes a apuração de seu gosto, não a dispersão de sua criatividade.

Tanto em seus textos como em sua arte há indicações de que os radicalismos que a animaram entre 1929 e 1935 arrefeceram. Quem sabe o que tanto a incomodava na memória daqueles anos secretos fosse justamente a experiência da radicalização de seu pensamento, que de fato ocorreu. A suspeita de que 1933 teria sido um dos anos mais agitados da vida de Tarsila parece ter se confirmado com a investigação que seguimos, sendo aquele ano o ápice do seu envolvimento com ações de militância. Mas se em algum momento ela se deixou guiar pelo ritmo da batuta de manifestos eloquentes, agora parecia ter uma visão mais crítica daqueles que assumiam um comprometimento total com posições ideológicas, tanto na arte como na política.

Tarsila preferiu calar sobre esses anos, mas espero que, ao mostrar os fatos de forma panorâmica, tentando evidenciar como discursos e personagens se entrelaçam no meio dos acontecimentos históricos, suas escolhas possam ser entendidas dentro do contexto em que se deram, evitando que rotulações indevidas se fixem à sua imagem. Por fim, me parece que conhecer o desenrolar dessa trama pode contribuir para a composição de uma imagem mais completa e complexa da vida e obra de Tarsila do Amaral, e para valorizarmos o que seu legado tem a nos ensinar.

Referências

A BATALHA. "Publicações Rio Magazine". *A Batalha*, Rio de Janeiro, 16 jan. 1934, p. 2. Disponível em: https://memoria.bn.gov.br/DocReader/DocReader.aspx?bib=175102&pesq=%22Tarsila%20do%20Amaral%22&pasta=ano%20193&hf=memoria.bn.br&pagfis=9514. Acesso em: 18 jun. 2024.

A GAZETA. "Centro de Cultura Social". *A Gazeta*, São Paulo, n. 8200, 13 maio 1933. Disponível em: https://memoria.bn.gov.br/DocReader/DocReader.aspx?bib=763900&pesq=%22centro%20de%20cultura%20social%22&hf=memoria.bn.br&pagfis=41224. Acesso em: 18 jun. 2024.

A GAZETA. "O urbanista Le Corbusier realiza, hoje, no Instituto de Engenharia, uma conferência". *A Gazeta*, São Paulo, n. 7155, 26 nov. 1929, p. 10. Disponível em: https://memoria.bn.gov.br/DocReader/DocReader.aspx?bib=763900&Pesq=corbusier&pagfis=30643. Acesso em: 18 jun. 2024.

A MANHÃ. "D. Tarsila declara que não é policial". *A Manhã*, Rio de Janeiro, n. 77, 25 jul. 1935. Disponível em:https://memoria.bn.gov.br/DocReader/DocReader.aspx?bib=116408&Pesq=%22Tarsila%20do%20Amaral%22&pagfis=10953. Acesso em: 18 jun. 2024.

A MANHÃ. "Exposição Tarsila: Pagu e outros antropófagos". *A Manhã,* Rio de Janeiro, n. 1117, 25 jul. 1929. Disponível em: https://memoria.bn.gov.br/DocReader/DocReader.aspx?bib=116408&Pesq=%22Tarsila%20do%20Amaral%22&pagfis=9075. Acesso em: 18 jun. 2024.

A MANHÃ. "Sem título". *A Manhã*, Rio de Janeiro, n. 73, 19 jul. 1935. Disponível em: https://memoria.bn.gov.br/DocReader/DocReader.aspx?bib=116408&pesq=%22Tarsila%20do%20Amaral%22&pasta=ano%20193&hf=memoria.bn.br&pagfis=10922. Acesso em: 18 jun. 2024.

A NOITE ILUSTRADA. "1º Salão Paulista". *A Noite ilustrada*, Rio de Janeiro, n. 210, 14 mar. 1934. Disponível em: https://memoria.bn.gov.br/DocReader/DocReader.aspx?bib=120588&pesq=%22realismo%20actualista%22&pasta=ano%20193&hf=memoria.bn.br&pagfis=4489. Acesso em: 18 jun. 2024.

ABEBOOKS. *Librairie le feu follet.* Paris, França. Disponível em: https://www.abebooks.com/first-edition/Deuxi%C3%A8me-conf%C3%A9rence-internationale-%C3%A9crivains-r%C3%A9volutionnaires-Rapports/31295455665/bd. Acesso em: 18 jun. 2024.

AMADO, Jorge. *O Cavaleiro da Esperança*: vida de Luís Carlos Prestes. São Paulo: Companhia das Letras, 2011.

AMARAL, Aracy. *Tarsila: sua obra e seu tempo*. 4.ed. São Paulo, Editora 34, 2010.

AMARAL, Aracy. *Textos do Trópico de Capricórnio*: artigos e ensaios (1980-2005): modernismo, arte moderna e compromisso com o lugar, volume 1. São Paulo: Editora 34, 2006.

AMARAL, Aracy. *Correspondência Mário de Andrade & Tarsila do Amaral.* São Paulo: Edusp, 1999, p. 119.

AMARAL, Tarsila. *Catálogo Raisonné Tarsila do Amaral.* São Paulo: Pinacoteca do Estado de São Paulo, 2008, vol. 2, imagem De481.

AMARAL, Tarsila. "Cubismo". *O Imparcial*, Bahia, n. 1212, 12 jan. 1935. Disponível em: https://memoria.bn.gov.br/DocReader/DocReader.aspx?bib=720933&pesq=%22Tarsila%20do%20Amaral%22&pasta=ano%20193&hf=memoria.bn.br&pagfis=74. Acesso em: 18 jun. 2024.

AMARAL, Tarsila. "John Reed e seu livro espantoso: uma curiosa impressão de Tarsila Amaral sobre 'Dez dias que abalaram o mundo'". *A Gazeta*, São Paulo, n. 7463, 26 dez. 1930. Disponível em: https://memoria.bn.gov.br/DocReader/DocReader.aspx?bib=763900&pesq=%22Tarsila%20do%20Amaral%22&pasta=ano%20193&hf=memoria.bn.br&pagfis=34209. Acesso em 18 jun. 2024.

AMIN, Raquel Carneiro; REILY Lucia. O Mês das Crianças e dos Loucos: um olhar sobre a exposição paulista de 1933. *Revista ARS*, ano 11, n. 22. USP, 2013. Disponível em: https://www.revistas.usp.br/ars/article/view/80659/84309. Acesso em: 15 ago. 2024.

ANDRADE, Oswald. Manifesto Antropófago - Edição crítica e comentada. Revista Periferia, v. 3, n. 1, jan-jun. 2011. ANDRADE, Oswald. Carta de Oswald. *Correio Paulistano*, São Paulo, n. 23203, 30 mar. 1928. Disponível em: https://memoria.bn.gov.br/DocReader/DocReader.aspx?bib=090972_07&Pesq=surrealismo&pagfis=29966. Acesso em: 18 jun. 2024.

ANDRADE, Gênese. Amizade em mosaico: a correspondência de Oswald a Mário de Andrade. *Teresa Revista de Literatura Brasileira*. São Paulo: USP, [8|9], 2008, pp. 161-88.

ANDRADE, Mário de; PORTINARI, Amico Mio. *Cartas de Mário de Andrade a Candido Portinari.* Campinas, SP: Mercado de Letras – Autores Associados / Projeto Portinari, 1995.

ATHAYDE, Tristão. Literatura suicida: I Lucides. *O Jornal,* Rio de Janeiro, n. 2001, 28 jun. 1925. Disponível em: https://memoria.bn.gov.br/DocReader/DocReader.aspx?bib=110523_02&pesq=%22banho%20de%20

estupidez%22&pasta=ano%20192&hf=memoria.bn.br&pagfis=21347. Acesso em: 18 jun. 2024.

BOAVENTURA, Maria. *O salão e a selva: uma biografia ilustrada de Oswald de Andrade*. Campinas: Ed. Unicamp; São Paulo: Ed. Ex Libris, 1995, p. 154.

BRANDINI, Laura. *Crônicas e outros escritos de Tarsila do Amaral*. Campinas: Ed. Unicamp, 2008.

BUENO, Alexandra Padilha. Viribus Unitis: a questão da conquista do voto feminino nos Boletins da Federação Brasileira pelo Progresso Feminino (1934-1935). *Revista Aedos*. Porto Alegre, v. 11, n. 24, ago. 2019, pp. 245-268.

CAMPOS, Alzira Lobo de Arruda; DIAS, Luiz Antonio; SOUSA, Rafael Lopes de. Gênero, identidade e revolução nos tempos de Vargas. *História e Cultura*. Dossiê Temático, v. 11, n. 1, jul. 2022, pp. 89-118.

CAMPOS, Alzira; GODOY, Marília; SOUZA, Rafael. Teoria e práxis revolucionária dos trotskistas brasileiros (São Paulo, 1930-1945). *História Crítica*, n. 72, p. 115-137, 2019. Disponível em: https://journals.openedition.org/histcrit/1830#quotation. Acesso em: 18 jun. 2024.

CAMPOS, Augusto. *Revista de Antropofagia*. São Paulo: Ed. Abril, 1975.

CARDOSO, Rafael. *White skins, black masks: "Antropofagia" and the reversal of primitivism*. Berlin: De Gruyter, 2019, p. 144.

CARVALHO, Rosa Cristina Maria de; REILY, Lucia. Arte e psiquiatria: um diálogo com artistas plásticos no Hospital Psiquiátrico de Juqueri. *ArtCultura*. Uberlândia, v. 12, n. 21, jul.-dez. 2010, pp. 165-180.

CASTRO, Ricardo Figueiredo de. O homem livre: um jornal a serviço da liberdade (1933-1934). *Cad. AEL*. Campinas: Unicamp, v. 12, n. 22/23, 2005.

CAVALCANTI, Di. A exposição de Tarsila, a nossa época e a arte. *Diário Carioca*, Rio de Janeiro, n. 1595, 15 out. 1933. Disponível em: https://memoria.bn.gov.br/DocReader/DocReader.aspx?bib=093092_02&Pesq=%22Tarsila%20do%20Amaral%22&pagfis=12450. Acesso em: 18 jun. 2024. Diário Carioca, Rio de Janeiro, n. 1939.

CHATEAUBRIAND, Assis. O preço da escravidão. *Diário da Noite*, Rio de Janeiro, n. 445, 16 mar. 1931. Disponível em: https://memoria.bn.gov.br/DocReader/docreader.aspx?bib=221961_01&pasta=ano%20193&pesq=&pagfis=5259. Acesso em: 18 jun. 2024.

COHEN, Jean-Louis. *Le Corbusier and the Mystique of the USSR*: Theories and Projects for Moscow, 1928-1936. Princeton: Princeton University Press, 1992.

CORREIO DE S. PAULO, n. 00272. 29 abr. 1933. Disponível em: https://memoria.bn.gov.br/DocReader/docreader.aspx?bib=720216&pasta=ano+193&pesq=comit%u00ea&pagfis=1509. Acesso em: 18 jun. 2024.

CORREIO DE S. PAULO. "Tarsila do Amaral fará uma conferência no Clube dos Artistas Modernos". *Correio de S. Paulo*, São Paulo, n. 321, 27 jun. 1933. Disponível em: https://memoria.bn.gov.br/DocReader/DocReader.aspx?bib=720216&Pesq=%22Tarsila%20do%20Amaral%22&pagfis=1906. Acesso em: 18 jun. 2024.

CORREIO DE S. PAULO. "Fundou-se em São Paulo o Comitê Anti-Guerreiro". *Correio de S. Paulo,* São Paulo, n. 204, 7 fev. 1933. Disponível em: http://memoria.bn.br/DocReader/DocReader.aspx?bib=720216&pesq=%22osorio%20cesar%22&pasta=ano%20193&hf=memoria.bn.br&pagfis=1089. Acesso em: 18 jun. 2024.

CORREIO DE S. PAULO, n. 0032. 9 jul. 1933. Disponível em: https://memoria.bn.gov.br/DocReader/docreader.aspx?bib=720216&pasta=ano+193&pesq=comit%u00ea&pagfis=1999. Acesso em: 18 jun. 2024.

CORREIO DE S. PAULO. "O Comitê Anti-Guerreiro de S. Paulo e a grande reunião de amanhã". *Correio de S. Paulo,* São Paulo, n. 222, 2 mar. 1933. Disponível em: https://memoria.bn.gov.br/DocReader/DocReader.aspx?bib=720216&Pesq=%22Tarsila%20do%20Amaral%22&pagfis=1197. Acesso em: 18 jun. 2024.

CORREIO DE S. PAULO. "O grupo 'Chove no Molhado' vai homenagear o pintor Túlio Mugnaini". *Correio de S. Paulo*, São Paulo, n. 1178. 17 abr. 1936. Disponível em: https://memoria.bn.gov.br/DocReader/DocReader.aspx?bib=720216&Pesq=%22Tarsila%20do%20Amaral%22&pagfis=8787. Acesso em: 18 jun. 2024.

CORREIO PAULISTANO. "O atual momento literário: os escritores Plínio Salgado, Menotti Del Picchia, Alfredo Ellis, Cassiano Ricardo e Candido Motta Filho expõem a orientação do grupo 'verdamarello, na obra de renovação intelectual brasileira". *Correio Paulistano*, n. 23555, 17 maio 1929. Disponível em: https://memoria.bn.gov.br/docreader/DocReader.aspx?bib=090972_07&Pesq=%22verdamarello%22&pagfis=35592. Acesso em: 18 jun. 2024.

CORREIO PAULISTANO. "A primeira exposição de Tarsila do Amaral em São Paulo". *Correio Paulistano,* São Paulo, n. 23659, 15 set. 1929. Disponível em: https://memoria.bn.gov.br/DocReader/DocReader.aspx?bib=090972_07&pesq=%22Tarsila%20do%20Amaral%22&pasta=ano%20192&hf=memoria.bn.br&pagfis=37508. Acesso em: 18 jun. 2024.

CORREIO PAULISTANO. "Congraçamento". *Correio Paulistano*, n. 22885, 7 abr. 1927. Disponível em: https://memoria.bn.gov.br/docreader/DocReader.aspx?bib=090972_07&Pesq=%22verdamarello%22&pagfis=25307. Acesso em: 18 jun. 2024.

CORREIO PAULISTANO. "Josephine Baker em São Paulo: o seu espetáculo no Teatro Sant'Anna", *Correio Paulistano*, São Paulo, n. 23720, 26 nov. 1929. Disponível em: https://memoria.bn.gov.br/DocReader/DocReader.aspx?bib=090972_07&pesq=%22josephine%20baker%22&pasta=ano%20192&pagfis=38698. Acesso em: 18 jun. 2024.

COSTA, Licurgo. Mentalidade provinciana. *A Manhã*, n. 1083, 15 jun. 1929. Disponível em: https://memoria.bn.gov.br/DocReader/DocReader.aspx?bib=116408&pesq=%22licurgo%20da%20costa%22&pasta=ano%20192&hf=memoria.bn.br&pagfis=8639. Acesso em: 18 jun. 2024.

DEL PRIORE, Mary. *Tarsila*: uma vida doce-amarga. Rio de Janeiro: José Olympio, 2022.

DIÁRIO CARIOCA. Indicador Artístico. Rio de Janeiro, n. 01951, 2 dez. 1934. Disponível em: https://memoria.bn.gov.br/DocReader/DocReader.aspx?bib=093092_02&pesq=%22Tarsila%20do%20Amaral%22&pasta=ano%20193&hf=memoria.bn.br&pagfis=17268. Acesso em: 18 jun. 2024.

DIÁRIO CARIOCA. "Uma grande pintora". *Diário Carioca*. Rio de Janeiro, n. 1939, 18 nov. 1934. Disponível em: https://memoria.bn.gov.br/DocReader/DocReader.aspx?bib=093092_02&pesq=%22Tarsila%20do%20Amaral%22&pasta=ano%20193&hf=memoria.bn.br&pagfis=17100. Acesso em: 18 jun. 2024.

DIÁRIO CARIOCA, Rio de Janeiro, n. 06984, 6 abr. 1951. Disponível em: http://memoria.bn.br/DocReader/DocReader.aspx?bib=093092_04&pesq=%22edificio%20Marqu%C3%AAs%20de%20Herval%22&pasta=ano%20195&hf=memoria.bn.br&pagfis=7175. Acesso em: 15 ago. 2024.

DIÁRIO DA NOITE. "Por onde se insinuam doutrinas subversivas e a corrupção da arte e dos costumes". *Diário da Noite*, Rio de Janeiro, n. 1113, 9 dez. 1933. Disponível em: https://memoria.bn.gov.br/DocReader/DocReader.aspx?bib=221961_01&pesq=%22Tarsila%20do%20Amaral%22&pasta=ano%20193&hf=memoria.bn.br&pagfis=16385. Acesso em: 18 jun. 2024.

DIÁRIO DE NOTÍCIAS. "Arte Proletária: Uma Conferência E Uma Entrevista De Tarsila Do Amaral". *Diário de Notícias*, Rio de Janeiro, n. 2025, 30 jul. 1933. Disponível em: https://memoria.bn.gov.br/DocReader/DocReader.

aspx?bib=093718_01&Pesq=%22Tarsila%20do%20Amaral%22&pagfis=15618. Acesso em: 18 jun. 2024.

DIÁRIO DE NOTÍCIAS. "Inaugura-se no dia 14 mais uma exposição de Tarsila Amaral". *Diário de Notícias*, Rio de Janeiro, n. 2097, 10 out. 1933. Disponível em: https://memoria.bn.gov.br/DocReader/DocReader.aspx?bib=093718_01&Pesq=%22Tarsila%20do%20Amaral%22&pagfis=16539. Acesso em: 18 jun. 2024.

DIÁRIO NACIONAL. "Tarsila do Amaral". *Diário Nacional*, São Paulo, n. 1409, 13 mar. 1932. Disponível em: https://memoria.bn.gov.br/DocReader/DocReader.aspx?bib=213829&pesq=%22Tarsila%20do%20Amaral%22&pasta=ano%20193&hf= memoria.bn.br&pagfis=14735. Acesso em: 18 jun. 2024.

DIÁRIO NACIONAL. "Capivari e Bauru terão olvidado a memória de Amadeu Amaral e Rodrigues de Abreu?" O que nos disse a pintora Tarsila do Amaral. *Diário Nacional*, São Paulo, n. 1119, 4 mar. 1931. Disponível em: https://memoria.bn.gov.br/DocReader/DocReader.aspx?bib=213829&pesq=%22Tarsila%20do%20Amaral%22&pasta=ano%20193&hf=memoria.bn.br&pagfis=12342. Acesso em: 18 jun. 2024.

DIÁRIO NACIONAL. "Livros: Osório César – 'A expressão artística nos alienados'". *Diário Nacional*, São Paulo, n. 797, 2 fev. 1930. Disponível em: https://memoria.bn.gov.br/DocReader/DocReader.aspx?bib=213829&pesq=%22osorio%20cesar%22& pasta=ano%20192&hf=memoria.bn.br&pagfis=9113. Acesso em: 18 jun. 2024.

DIÁRIO NACIONAL, São Paulo, n. 625, 16 jul. 1929. Disponível em: https://memoria.bn.gov.br/DocReader/DocReader.aspx?bib=213829&Pesq=corbusier&pagfis=6875. Acesso em: 18 jun. 2024.

DIÁRIO NACIONAL. "Benjamin Péret e o super-realismo". *Diário Nacional*, São Paulo, n. 509. 1 mar. 1929. Disponível em: https://memoria.bn.gov.br/DocReader/DocReader.aspx?bib=213829&Pesq=Benjamin%20P%c3%a9ret&pagfis=5373. Acesso em: 18 jun. 2024.

DUCOULOMBIER, Romain. "Henri Barbusse, Stalin and the making of the Comintern's international policy in the 1930s". *French History*, v. 30, n. 4, 2016, pp. 526-545.

FARIA, Daniel. "As meditações americanas de Keyserling: um cosmopolitismo nas incertezas do tempo". *Varia Historia*. Belo Horizonte, v. 29, n. 51, set/dez 2013, pp. 905-23.

FERRAZ, Geraldo. *Depois de tudo*. Rio de Janeiro: Paz e Terra, 1983.

FIUZA, Adriana Aparecida de Figueiredo; ACHRE, Simone Pinheiro. "Sobre paixão Pagu e a escrita de si". *Revista InterteXto*. Uberaba, v. 13, n. 2, 2021, pp. 172-86.

FOLHA DA MANHÃ. "Editais: 5ª vara - 10º ofício". *Folha da Manhã*, São Paulo, n. 2200, 22 out. 1931. Disponível em: https://edicaodigital.folha.uol.com.br/?done=http://acervo.folha.uol.com.br/digital/leitor.do?numero=27175&keyword=Tarsila&anchor=4537624&origem=busca&originURL=&maxTouch=0&pd=2decb-6483fbf1f19311457655b3b0376. Acesso em: 18 jun. 2024.

FOLHA DA MANHÃ. "Exposição de pintura Tarsila do Amaral". *Folha da Manhã*, n. 1586, 21 set. 1929. Disponível em: https://edicaodigital.folha.uol.com.br/?done=http://acervo.folha.uol.com.br/digital/leitor.do?numero=26569&keyword=%22Tarsila+do+Amaral%22&anchor=4534303&origem=busca&originURL=&maxTouch=0&pd=b3fa2a0cd018734b5061b2007eabc407. Acesso em: 18 jun. 2024.

FOLHA DA NOITE. "Tarsila do Amaral vai mostrar ao Rio um pouco de sua arte". *Folha da Noite*, São Paulo, n. 3926, 12 out. 1933. Disponível em: https://edicaodigital.folha.uol.com.br/?done=http://acervo.folha.uol.com.br/digital/leitor.do?numero=41651&keyword=TarsiS&anchor=4687302&origem=busca&originURL=&maxTouch=0&pd=7a438d1d2c04327bac5f9fd2b9b523c6. Acesso em: 18 jun. 2024.

FLORINDO, Marcos Tarcísio. "O serviço secreto do DEOPS/SP na era Vargas: o papel da infiltração e delação na vigilância policial sobre o movimento operário". *Cadernos de Campo: Revista de Ciências Sociais*. Araraquara SP, Unesp, n. 11, 2005, pp.v119-37.

FORTE, Graziela Naclério. *CAM e SPAM: arte, política e sociabilidade na São Paulo moderna, do início dos anos 1930*. São Paulo, 2008. Dissertação (Mestrado) – FFLCH, Universidade de São Paulo.

FRACCARO, Glaucia. *Os direitos das mulheres: feminismo e trabalho no Brasil (1917-1937)*. Rio de Janeiro: FGV Ed., 2018, p. 68.

FUNDO LUIZ CARLOS PRESTES (LC): instrumento provisório dos documentos textuais e iconográficos. Arquivo Nacional do Ministério da Justiça. Rio de Janeiro, Arquivo Nacional, 2012. p. 8. Disponível em: https://www.gov.br/arquivonacional/ptbr/servicos/copy_of_instrumentos-de-pesquisa/prestes_instrumento.pdf. Acesso em: 18 jun. 2024.

GALVÃO, Patrícia. *Paixão Pagu: a autobiografia precoce de Patrícia Galvão*. Rio de Janeiro: Agir, 2005.

GAZETA POPULAR. "Livros, livros a mão cheia". *Gazeta Popular*, São Paulo, n. 553, 21 nov. 1932. Disponível em: https://memoria.bn.gov.br/DocReader/DocReader.aspx?bib=892670&pesq=%22osorio%20cesar%22&pasta=ano%20193&hf= memoria.bn.br&pagfis=1735. Acesso em: 27 ago. 2024.

GAZETA POPULAR. "Sumula". *Gazeta Popular*, São Paulo, n. 1232., 26 jan. 1935. Disponível em: https://memoria.bn.gov.br/DocReader/DocReader.aspx?bib=892670&pesq=%22Tarsila%20do%20Amaral%22&pasta=ano%20193&hf=memoria.bn.br& pagfis=5241. Acesso em: 18 jun. 2024.

GIORGI, Artur de Vargas. *Máscaras Casmurras: reprodutibilidade, encanto, desencanto*. UFSC: Boletim de Pesquisa NELIC, v 10, n. 15, 2010. Disponível em: https://doi.org/10.5007/1984-784X.2010v10n15p92. Acesso em: 14 ago. 2024.

GOLINO, William. *Retrato pictórico moderno: suas formas e significados*. São Paulo: PUC-SP, 2010.

GOMIDE, Bruno Barretto. "David Vygódski: modernismo e política no Brasil e na União Soviética". *Rev. Inst. Estud. Bras. São Paulo*, n. 58, jun. 2014, pp. 313-22.

GONZÁLEZ, Ana. *As origens e a comemoração do Dia Internacional das Mulheres*. Rio de Janeiro: Ed. Expressão Popular, 2010.

GOTLIB, Nádia. *Tarsila: a modernista*. São Paulo: Ed. Senac, 1998.

GRIFFIN, Roger. *Modernism and Fascism: the sense of a beginning under Mussolini and Hitler*. Basingstoke: Palgrave-Macmillan, 2007, p. 8.

GUINLE, Eduardo. Acervo IMS. Disponível em: https://brasilianafotografica.bn.gov.br/?tag= eduardo-guinle. Acesso em: 18 jun. 2024.

GUSMÃO, Clóvis. "Na exposição de Tarsila". *Para Todos...*, Rio de Janeiro, n. 555, 3 ago. 1929. Disponível em: https://memoria.bn.gov.br/DocReader/docreader.aspx?bib=124451&pesq=Tarsila%20do%20Amaral&pagfis=27495. Acesso em: 18 jun. 2024.

HARPYA COLECIONÁVEIS E ANTIGUIDADES. Niterói: leilão 4540, lote 71. Disponível em: https://www.harpyaleiloes.com.br/peca.asp?ID=1892812&ctd=50. Acesso em: 18 jun. 2024.

HERNÁNDEZ, Juan Luis. "La oposición a la guerra del Chaco El movimiento obrero y la izquierda ante el conflicto chaqueño". *Encuentros Uruguayos*. v. 15, n. 2, 2022, pp. 82-114.

INSTITUTO JOHN GRAZ. *Você conhece a história da Sociedade Pró-Arte Moderna (SPAM)?* 22 mar. 2017. Disponível em: https://www.instituto johngraz.

org.br/voce-conhece-a-historia-da-sociedade-pro-arte-moderna-spam/. Acesso em: 18 jun. 2024.

JORNAL DO BRASIL. "Fim trágico de um piquenique em Petrópolis". *Jornal do Brasil*, Rio de Janeiro, n. 26, 1 fev. 1949. Disponível em: https://memoria.bn.gov.br/DocReader/docreader.aspx?bib=030015_06&pasta=ano%20194&pesq=%20rombauer&pagfis=58003. Acesso em: 18 jun. 2024.

JORNAL DO BRASIL. "Uma exposição de Tarsila do Amaral". *Jornal do Brasil*, Rio de Janeiro, n. 244, 14 out. 1933. Disponível em: https://memoria.bn.gov.br/DocReader/DocReader.aspx?bib=030015_05&pesq=%22Tarsila%20do%20Amaral%22&pasta=ano%20193&hf=memoria.bn.br&pesq=%22Tarsila%20do%20Amaral%22&pasta=ano%20193&hf=memoria.bn.br&pagfis=37171. Acesso em: 18 jun. 2024.

JORNAL DO COMÉRCIO. "Contra o fascismo". *Jornal do Comércio*, Rio de Janeiro, n. 33, 8 nov. 1933. Disponível em: https://memoria.bn.gov.br/DocReader/DocReader.aspx?bib=364568_12&pesq=%22osorio%20cesar%22&pasta=ano%20193&hf=memoria.bn.br&pagfis=25868. Acesso em: 18 jun. 2024.

KAREPOVS, Dainis. "Mário Pedrosa entrevista Benjamin Péret". *Aurora: revista de arte, mídia e política*. São Paulo, v. 14, n. 42, out.-dez. 2021, pp. 132-41.

KAWALL, Luiz. "Osório César, 83 anos, pioneiro esquecido". *Folha de S. Paulo*, 12 ago. 1979. Disponível em: https://edicaodigital.folha.uol.com.br/?done=http://acervo.folha.uol.com.br/leitor.do?numero=7035&keyword=%22osorio+cesar%22&anchor=4258992&origem=busca&originURL=&maxTouch=0&pd=5127434ec7a22d6980aa37338451cff8. Acesso em: 18 jun. 2024.

KONRAD, Diorge Alceno; KONRAD, Glaucia Vieira Ramos. "Da política de proletarização à ANL: o Partido Comunista do Brasil entre 1930 e 1935". *Mundos do Trabalho*. Florianópolis, v. 14, 2022, pp. 1-21.

LEWY, Guenter. *The cause that failed: communism in American political life*. New York: Oxford University Press, 1990. p. 168.

LOPES, João Marques. "Uma leitura da Revista de Antropofagia: o espectro da Revolução Bolchevique?" *Revista Historiæ*. Rio Grande: Universidade Federal do Rio Grande (FURG), v. 6, n. 1, 2015, pp. 142-66.

LOPEZ, Telê Ancona. "O turista aprendiz na Amazônia: a invenção no texto e na fotografia". *Revista Carbono*, 2014. Disponível em: https://revistacarbono.com/artigos/08-turista-aprendiz-teleancona/. Acesso em: 18 jun. 2024.

MARCONDES, Ana. *Travessia periférica*. São Paulo: Pontifícia Universidade Católica de São Paulo, 2006, p. 21.

MARTINS, Ana. *Aí vai meu coração*. São Paulo: Global, 2010, p. 31.

MARTINS, Luís. "Uma miséria da 'A Manhã'". *O Jornal*, Rio de Janeiro, n. 4840, 20 jul. 1935. Disponível em: https://memoria.bn.gov.br/DocReader/DocReader.aspx?bib=110523_03&Pesq=%22Tarsila%20do%20Amaral%22&pagfis=25131. Acesso em: 18 jun. 2024.

MARTINS, Luís. Um bom sujeito. Rio de Janeiro: Paz e Terra, 1983.

MENDES, Neusa. *Osório César: conexões entre psicologia, arte e educação (1920-1950)*. São Paulo: Pontifícia Universidade Católica de São Paulo, 2018, p. 170.

MENDONÇA, Roxane Sidney Resende de. *Tarsila do Amaral: seu legado como objeto de memória e consumo (1995-2015)*. Belo Horizonte, 2016. Tese (Doutorado) – Universidade Federal de Minas Gerais.

MORAES, Rita Mara Netto de. *As amargas não... uma vida contada pela experiência e pela literatura*. Florianópolis, 2000. Dissertação (Mestrado em Literatura) — Universidade Federal de Santa Catarina. Disponível em: https://repositorio.ufsc.br/bitstream/handle/123456789/78599/171627.pdf?sequence=1&isAllowed=y. Acesso em: 18 jun. 2024.

NETO, Liszt Vianna. "Deutsche Gruppe: arte e nacionalismo entre o Brasil do Estado Novo e a Alemanha Nacional Socialista". *Revista de História da Arte e da Cultura*. Campinas, v. 2, n. 1, jan-jun 2021.

O ESTADO DE S. PAULO. "Tarsila do Amaral". *O Estado de S. Paulo*, São Paulo, n. 18352, 27 set. 1929. Disponível em: https://acervo.estadao.com.br/pagina#!/19290927-18352nac-0005-999-5-not/busca/TARSILA. Acesso em: 18 jun. 2024

O HOMEM DO POVO. "Trabalho forçado". *O homem do povo*, São Paulo, n. 3, 31 mar. 1931. Disponível em: https://memoria.bn.gov.br/DocReader/DocReader.aspx?bib=720623&Pesq=sovi%c3%a9tica&pagfis=15. Acesso em: 18 jun. 2024.

O HOMEM LIVRE. "Manifesto das organizações coligadas em frente única antifascista". *O homem livre*, São Paulo, n. 20, 14 dez. 1933. Disponível em: https://memoria.bn.gov.br/DocReader/DocReader.aspx?bib=721018&Pesq=comit%c3%aa&pagfis=97. Acesso em: 18 jun. 2024.

O HOMEM LIVRE. "Contra a guerra ou contra o fascismo?". *O homem livre*, São Paulo, n. 18, 6 nov. 1933. Disponível em: https://memoria.bn.gov.br/DocReader/DocReader.aspx?bib=721018&Pesq=comit%c3%aa&pagfis=89. Acesso em: 18 jun. 2024.

O HOMEM LIVRE. "Solidariedade pelas vítimas do fascismo internacional". *O homem livre*, São Paulo, n. 9, 24 jul. 1933. Disponível em: https://memoria.bn.gov.br/DocReader/docreader.aspx?bib=721018&pasta=ano%20193&pesq=comit%C3%AA&pagfis=44. Acesso em: 18 jun. 2024.

O JORNAL. "Fundada em S. Paulo a Aliança Nacional Libertadora". *O Jornal*, Rio de Janeiro, n. 4692, 29 jan. 1935. Disponível em: https://memoria.bn.gov.br/DocReader/DocReader.aspx?bib=110523_03&pesq=%22Nacional%20Libertadora%22&pasta=ano%20193&hf=memoria.bn.br&pagfis=22535. Acesso em: 18 jun. 2024.

O JORNAL. "Uma nova exposição de Tarsila do Amaral". *O Jornal*, Rio de Janeiro, n. 4614, 30 out. 1934. Disponível em: https://memoria.bn.gov.br/DocReader/DocReader.aspx?bib=110523_03&Pesq=%22Tarsila%20do%20Amaral%252%202&pagfis=21217. Acesso em: 18 jun. 2024

O JORNAL. "Lanterna verde". *O Jornal*, Rio de Janeiro, n. 4492, 9 jun. 1934. Disponível em: https://memoria.bn.gov.br/DocReader/DocReader.aspx?bib=110523_03&pesq=%22Tarsila%20do%20Amaral%22&pasta=ano%20193&hf=memoria.bn.br&pagfis=19277. Acesso em: 18 jun. 2024.

O JORNAL. "Da pintora Tarsila do Amaral". *O Jornal*, Rio de Janeiro, n. 4308, 5 nov. 1933. Disponível em: https://memoria.bn.gov.br/DocReader/DocReader.aspx?bib=110523_03&Pesq=%22Tarsila%20do%20Amaral%22&pagfis=16136. Acesso em: 18 jun. 2024.

O RADICAL. "A exposição de Tarsila do Amaral". *O Radical*, Rio de Janeiro, n. 465, 15 out. 1933. Disponível em: https://memoria.bn.gov.br/DocReader/DocReader.aspx?bib=830399&Pesq=%22Tarsila%20do%20Amaral%22&pagfis=4727. Acesso em: 18 jun. 2024.

OLIVEIRA, Ângela. *Henri Barbusse: pacifismo e antifascismo nas Américas*. Paris: Transatlantic Cultures, 2021.

OLIVEIRA, Ângela. "Intelectuais antifascistas no Cone Sul: experiências associativas no cruzamento entre a cultura e a política (1933-1939)". *Projeto História*, São Paulo, n. 4. 2013, p. 55-83. Disponível em: https://edisciplinas.usp.br/pluginfile.php/7871021/mod_resource/content/1/Angela_Anti_fascismo.pdf. Acesso em: 18 jun. 2024.

PACHECO, Gabriela Santi; GONÇALVES, Leandro Pereira. "Fascismo e modernismo: a atuação de Plínio Salgado na década de 1920". *Cadernos de Pesquisa do CDHIS*. Uberlândia, v. 35, n. 1, jan-jun. 2022.

PÉRET, Benjamin. "Mais uma patrícia leva ao velho mundo a genialidade de nossas canções: as ideias revolucionárias de Benjamin Péret, seu esposo, sobre a música instrumental: depoimento". *Diário Nacional*, São Paulo, n. 500, 19 fev. 1929. Disponível em: https://memoria.bn.gov.br/DocReader/DocReader.aspx?bib=213829&pesq=%22Elsie%20houston%22&pasta=ano%20192&hf=memoria.bn.br&pagfis=5251. Acesso em: 18 jun. 2024.

PRESTES, Zoia; BELIAKOVA, Elena; TUNES, Elizabeth. "David Vigódski, o Tradutor". *Revista de Literatura e Cultura Russa*. v. 10, n. 14, 2019.

REVISTA do Órgão Central da União Internacional de Escritores Revolucionários. Paris, 1931.

RICARDO, Cassiano. "O espírito do momento e da pátria na poesia brasileira". *Correio Paulistano*, n. 22335, 29 set. 1925. Disponível em: https://memoria.bn.gov.br/DocReader/DocReader.aspx?bib=090972_07&pesq=%22Tarsila%20do%20Amaral%22&pasta=ano%20192&hf=memoria.bn.br&pagfis=19083. Acesso em: 18 jun. 2024.

RIOU, Gwenn. "Un rendez-vous raté: communistes et surréalistes dans les années 1930". *Marges*. n. 26, abr. 2018, pp. 10-23.

SILVEIRA, Tasso. "A velha questão dos ritmos novos, em arte: Tarsila do Amaral e a pintura modernista". *O Jornal*, Rio de Janeiro, n. 3152, 3 mar. 1929. Disponível em: https://memoria.bn.gov.br/DocReader/DocReader.aspx?bib=110523_02&Pesq=%22Tarsila%20do%20Amaral%22&pagfis=42017. Acesso em: 18 jun. 2024.

VALLE, Arthur. "Exu, c'est pour vous: Benjamin Péret visita locais de culto afro-brasileiros em 1930". *Revista de História da Arte*. Campinas, v. 6, n. 1, jan. 2022, pp. 340-76.

WANSCHELBAUM, Cinthia. El viento en el mundo de Aníbal Ponce: de liberal Sarmientino a marxista revolucionario. In: MASSHOLDER, Alexia (coord). *Aníbal Ponce: humanista y revolucionario*. Santiago, Chile: Ed. Cuadernos de Sofía, 2018, pp. 1-17.

Índice remissivo

A

A Revista de Antropofagia, 18, 30

A Gazeta, 69, 91, 138

Agente Guarany, 119

Alcântara Machado, 31, 75, 126

Aliança Nacional Libertadora (ANL), 136, 152, 162-163

Alvaro Moreyra, 41-43, 51-52, 161, 163, 169

A Manhã, 163-165, 167

Anita Malfatti, 51, 75, 126, 159, 169

Antifascista, 150

Antropófagos, 31, 36, 43, 51, 53, 67, 83

Antropofágica, 14

Assis Chateaubriand, 15, 77, 89, 147, 148, 162, 165, 167

B

Benjamin Péret, 24, 26, 30, 34, 42

Brecheret, 77, 169

C

Cassiano Ricardo, 35

Cicero Dias, 31

Clóvis de Gusmão, 46

Clube dos Artistas Modernos (CAM), 118-120, 137, 138, 140, 141, 145

Coluna Prestes, 82, 147, 162

Comitê Antiguerreiro, 119, 127

Comitê Paulista, 130

Comunismo, comunistas, 9, 10, 16, 71, 82, 83, 88, 89, 100, 113, 119, 128, 130, 135, 149, 165, 167

Congresso Antiguerreiro Latino-americano, 131

Congresso de Kharkov, 105, 114, 115

Correio Paulistano, 35, 59, 66, 69, 88

Correio de S. Paulo, 139

Cubismo, 37, 83, 161

D

De Chirico, 58, 167

Departamento de Ordem Política e Social (DEOPS), 16, 81, 118-120, 24-125, 127-128, 134, 138, 139, 149, 166

Diário de S. Paulo, 15

Diário Nacional, 58

Di Cavalcanti, 31

Dona Lydia, 20, 95, 156

Dona Olívia Guedes Penteado, 21, 58, 120, 126, 131

Dr. Juca, José Estanislau do Amaral, 40, 156, 172

Dulce, 19-22, 77, 156-159

E

Elsie Houston-Péret, 23, 24, 28, 32-34, 39, 41-43, 69

Eugênia Moreyra, 41-43, 62, 141, 152, 154

F

Família Guinle, 24-26, 57, 58

Fascismo, 38, 82, 83, 128, 149, 151

Flávio de Carvalho, 15

Folha da Manhã, 44, 45, 59, 63

Freud, 28, 45, 168

G

Geraldo Ferraz, 16, 23, 31, 38, 51, 66, 70, 73, 77-79, 118, 120, 142, 160-161

Getúlio Vargas, 78, 81-83, 117, 147, 162, 167

Graça Aranha, 31, 75

Gregori Warchavchik, 75, 76, 126

H

Heitor Villa-Lobos, 24, 57

Henri Barbusse, 112-115, 117, 128, 129, 136, 150

Hitler, 56, 135, 151

I

Integralismo, integralistas, 83, 147, 152

Intentona Comunista, 162, 167

Internacional Comunista (Comintern), 114, 114, 127, 128

Ivan Pavlov, 102

J

Jayme Adour da Câmara, 31, 93, 120, 138, 151, 169

Jorge Amado, 15, 149, 152-154, 161, 169

José Estanislau do Amaral, 40, 156, 172

Josephine Baker, 62, 66, 67, 69

Juca Pato, 45

Júlio Prestes, 55

Juqueri, 44

K

Keyserling, 28, 62, 66

L

Lasar Segall, 75, 120, 126, 169

Le Corbusier, 57, 62, 66-70, 107

Leon Trotsky, 32-34

Levante Constitucionalista, 117, 118, 131, 147

Licurgo da Costa, 44

Luís Martins, 16, 65, 153-157, 160-163, 165-168, 171

M

Maria Lacerda de Moura, 130, 133

Mário de Andrade, 14, 21, 30, 34, 75, 80, 92, 104, 107, 126, 169

Marx, 38, 89, 101, 117, 119, 129, 132, 144, 149

Maxim Gorki, 113, 128, 129

Menotti Del Picchia, 31, 35, 58, 126

Mussolini, 56, 135, 151

N

Nazismo, 69, 83

Nonê, 19-22, 61, 72, 169

O

O Homem Livre, 150-151

O Jornal, 147, 148, 16-163, 165, 167

Osório César, 9, 13, 45, 75, 79, 81, 87, 108, 112, 117, 121, 125, 137, 161, 166, 169

Oswald de Andrade, 9, 13-16, 20, 35, 38, 41, 89, 121, 151, 153, 169

Oswaldo Costa, 31

P

Palace Hotel, 42, 56, 57, 142

Partido Comunista Brasileiro (PCB), 55, 121, 162

Patrícia Galvão, Pagu, 31, 39-43, 46, 48-51, 55, 59-66, 71-72, 89, 121

Pau-Brasil, pau-brasilismo, 14, 27, 30, 35, 37, 44, 155, 160

Paulo Prado, 31, 68, 126, 169

Plínio Salgado, 31, 35, 152

Portinari, 120, 169

Primeira República, 81, 88, 121, 165

Procópio Ferreira, 145, 149

PRP, 55

R

Raul Bopp, 31, 43, 46, 48

República Velha, 55, 56, 82, 88

Revista de Antropofagia, 21, 29-30, 38, 40-43, 51-52, 58, 93

Revista Para Todos, 46, 48

Revolta dos 18 do Forte, 82, 147

Revolução Constitucionalista de 1932, 117, 118, 131, 147

Robert Delaunay, 14, 58, 107-108

Romain Rolland, 115, 128, 150

S

Sérgio Milliet, 149, 153

Sociedade Pró-Arte Moderna (SPAM), 126, 127, 137, 138

Stálin, 34, 88, 94, 105, 112, 113, 128, 129

Surrealistas, surrealismo, 23-29, 38, 66, 113, 135, 167

T

Tristão de Athayde, 27, 29

U

União Soviética, 9, 13, 16, 56, 93, 95, 97, 98, 105, 113, 115, 128, 129, 136, 138, 149

V

Verde-Amarelo, 35, 36, 44, 53, 83

Victor Serge, 102, 105, 128

W

Waldemar Belisário, 39, 40, 41, 51, 60, 62, 65, 66, 71, 168

Washington Luís, 81, 88

FONTE Kepler Std
PAPEL Polen Natural 80 g/m²
IMPRESSÃO Paym